# O LIVRO GREGO DE JÓ

Coleção Reflexões Junguianas
Assessoria: Dr. Walter Boechat

- *Puer-senex – Dinâmicas relacionais*
Dulcinéia da Mata Ribeiro Monteiro (org.)
- *A mitopoese da psique – Mito e individuação*
Walter Boechat
- *Paranoia*
James Hillman
- *Suicídio e alma*
James Hillman
- *Corpo e individuação*
Elisabeth Zimmermann (org.)
- *O irmão: psicologia do arquétipo fraterno*
Gustavo Barcellos
- *As emoções no processo psicoterapêutico*
Rafael López-Pedraza
- *Viver a vida não vivida – A arte de lidar com sonhos não realizados e cumprir o seu propósito na segunda metade da vida*
Robert A. Johnson e Jerry M. Ruhl
- *O feminino nos contos de fadas*
Marie-Luise Von Franz
- *Re-vendo a psicologia*
James Hillman
- *Sonhos – A linguagem enigmática do inconsciente*
Verena Kast

- *Sobre Eros e Psiquê – Um conto de Apuleio*
Rafael López-Pedraza
- *Introdução à Psicologia de C.G. Jung*
Wolfgang Roth
- *O encontro analítico – Transferência e relacionamento humano*
Mario Jacoby
- *O amor nos contos de fadas – O anseio pelo outro*
Verena Kast
- *Psicologia alquímica*
James Hillman
- *A criança divina – Uma introdução à essência da mitologia*
C.G. Jung & Karl Kerényi
- *Sonhos – Um estudo dos sonhos de Jung, Descartes, Sócrates e outras figuras históricas*
Marie-Louise Von Franz
- *O livro grego de Jó – Qual o interesse de Deus no sofrimento do homem?*
Antonio Aranha

Dados Internacionais de Catalogação na Publicação (CIP)
(Câmara Brasileira do Livro, SP, Brasil)

Aranha, Antonio
    O livro grego de Jó : qual o interesse de Deus no sofrimento do homem? / Antonio Aranha. - Petrópolis, RJ : Vozes, 2012. - (Coleção Reflexões Junguianas)
    Bibliografia
    ISBN 978-85-326-4293-6
    1. Arquétipo (Psicologia) 2. Bíblia. A.T. Jó - Crítica e interpretação 3. Crenças 4. Deus 5. Espiritualidade 6. Fé 7. Mitologia grega 8. Psicologia junguiana 9. Religião - Filosofia 10. Sofrimento I. Título. II. Série.	

11-13043	CDD-150.1954

Índices para catálogo sistemático:
1. Mitologia grega e questões das relações do homem com Deus : Psicologia junguiana
150.1954

Antonio Aranha

O LIVRO GREGO DE JÓ
Qual o interesse de Deus no sofrimento do homem?

Petrópolis

© 2012, Editora Vozes Ltda.
Rua Frei Luís, 100
25689-900 Petrópolis, RJ
Internet: http://www.vozes.com.br
Brasil

Todos os direitos reservados. Nenhuma parte desta obra poderá ser reproduzida ou transmitida por qualquer forma e/ou quaisquer meios (eletrônico ou mecânico, incluindo fotocópia e gravação) ou arquivada em qualquer sistema ou banco de dados sem permissão escrita da editora.

Diretor editorial
Frei Antônio Moser

Editores
Aline dos Santos Carneiro
José Maria da Silva
Lídio Peretti
Marilac Loraine Oleniki

Secretário executivo
João Batista Kreuch

Editoração: Fernando Sergio Olivetti da Rocha
Projeto gráfico: Sheilandre Desenv. Gráfico
Capa: Omar Santos

ISBN 978-85-326-4293-6

Editado conforme o novo acordo ortográfico.

Este livro foi composto e impresso pela Editora Vozes Ltda.

Agradeço a meu irmão Jayme e
a minha amiga Heloisa, pelo
atento ouvido, pelas sábias
palavras e pelo inestimável
incentivo que recebi.

Sumário

Apresentação, 9
  Walter Boechat,
Introdução, 13
Parte I. Os deuses malditos, 21
  1 Destino ou erro?, 23
  2 A maldição de Geia, 29
  3 Os crimes humanos, 37
  4 O perdão do pai, 40
  5 A sorte negra, 47
  6 Um final feliz, 50
  7 A sacerdotisa de Hera, 54
  8 No caminho com a mãe, 57
  9 O deus humano, 60
  10 Os gêmeos amigos, 68
  11 Entre pai e filho, 70
  12 Haverá alguma escolha possível?, 76
  13 A sombra de Atena, 80
  14 O herói individuado?, 86
  15 A glória da deusa, 90

Parte II. O controle de qualidade de Deus, 95

    1 O bode expiatório, 97

    2 Os "filhos de Deus", 101

    3 O Ser dialógico, 104

    4 As trevas divinas, 109

    5 A unidade de Deus, 115

    6 O numinoso, 122

    7 Um olho de Deus, 130

    8 A versão apócrifa, 132

    9 Uma derrota moral, 135

    10 Um empecilho teológico, 138

    11 A resposta a Jó, 142

    12 A ressurreição dos fantasmas, 146

    13 O destino das almas, 149

    14 As chaves do inferno, 153

    15 A cisão metafísica, 158

    16 O perdão de Satanás, 164

Conclusão, 169

Adendo, 173

Bibliografia, 177

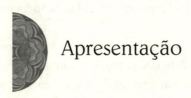

Apresentação

*Walter Boechat**

Conheci Antonio Aranha há muitos anos atrás e sua inteligência diversificada sempre me impressionou. Médico psiquiatra, gravurista, artista plástico criativo, preocupado com questões da religião e medievalismo, seus interesses diversos o levaram aos estudos de antropologia, sociologia, história das religiões e mitologia grega, tendo frequentado por longo tempo os cursos do Professor Junito de Sousa Brandão. Recentemente, preocupado com a crise ética da Modernidade, aprofundou estudos sobre Nietzsche e os fundamentos da genealogia da moral.

Quando terminou sua especialização em psiquiatria pelo Hospital Philippe Pinel do Rio de Janeiro, sua tese de especialização versou sobre o tema da escuta que os médicos daquela casa da-

---

* Walter Boechat tem formação em Medicina e é diplomado pelo Instituto C.G. Jung de Zurique, Suíça. Tem o doutoramento em Saúde Coletiva pelo Instituto de Medicina Social, Uerj. É membro-fundador e ex-presidente da Associação Junguiana do Brasil, AJB. É membro do Executive Committee da Iaap (Associação Internacional Junguiana) para o período de 2010 a 2013. É coordenador do Curso de Pós-Graduação em Psicologia Junguiana do Centro Universitário IBMR-Laureate/RJ. É o revisor da tradução para a língua portuguesa do *Livro Vermelho: liber novus*, de C.G. Jung, pela Editora Vozes. É escritor, tendo publicado pela Editora Vozes, entre outras obras: *Mitopoese da psique* (2009).

vam às questões religiosas trazidas pelos pacientes, trabalhando em cima de um questionário que passou para todos os psiquiatras daquele hospital.

Em todos os seus campos de interesse, aparentemente diversos, há uma unidade subjacente que se move de forma contínua, criando representações que aparecem, aqui e ali, em suas gravuras, em seus escritos psiquiátricos, em sua monografia de conclusão da pós-graduação em Psicologia Junguiana no Centro Universitário IBMR-Laureate: a relação do homem com Deus e a experiência religiosa como autoconhecimento.

Esse seu livro inaugural deve ser saudado como uma grande síntese de sua busca religiosa, a junção criativa de mitologia grega clássica, questões das relações do homem com Deus no Antigo e no Novo Testamento e a importância da atitude humana para a produção do destino. Não é um objetivo simples, mas um grande desafio para o qual Antonio Aranha trouxe contribuições novas e criativas.

Na primeira parte do livro "Os deuses malditos" Aranha aprofunda a questão da culpa de deuses e dos homens, estudando as sucessivas gerações das famílias gregas, o problema da *hamartia* (erro), o *guénos* familiar e, o que é mais importante, a relação entre esse sofrimento dos humanos através das gerações e a reparação do erro dos deuses imortais. De certa forma, os deuses reparam suas culpas e se regeneram de seus próprios erros por meio dos humanos. Aranha está aqui retomando a questão teológica fundamental levantada por Jung com relação à religião judaico-cristã em sua revolucionária interpretação do Livro de Jó na obra *Resposta a Jó*.

Nessa parte de seu livro, Aranha demonstra sua cultura refinada. Suas citações são normalmente das fontes gregas originais, os trágicos, Homero e Hesíodo, Pausânias, Píndaro e diversas outras. Evitam-se fontes secundárias, o autor fica fiel a um academicismo admirável e muitas vezes ausente em escritos junguianos contemporâneos.

Além disso, Aranha trás contribuições bastante originais com relação ao papel do homem, transformando seu destino e não simplesmente sendo vítima de uma interferência de um deus *ex-machina* todo-poderoso, ou da *Moira* infalível. Nesse aspecto, as decisões éticas de Orestes e suas ações são fundamentais para a mudança de ordem que ocorre no tribunal do Areópago; não será simplesmente uma justa filosófica entre Atena e Apolo que irá determinar a mudança da ordem matriarcal para a patriarcal, o apaziguamento das Erínias, sua metamorfose mágica em Eumênides benfazejas. O debate jurídico dos deuses só ocorre (no inconsciente coletivo) porque Orestes, o homem em sua plenitude decisória, agiu.

Outro ponto bastante instigante é a interpretação nova e criativa que o autor propõe para o nascimento do filho de Atena com Hefesto, Erictônio, rei mitológico de Atenas e ancestral mítico de seus reis. Aranha propõe aqui a superação da geração dos olimpianos pela geração dos filósofos de Atenas, o nascimento da filosofia, o pensamento filosófico se sucedendo ao pensamento mitológico. Na verdade, a apreciação adequada dessas questões só poderá ser feita com uma leitura aprofundada desse instigante livro de Antonio Aranha.

Na segunda parte, iniciada com o título um tanto brincalhão de "O controle de qualidade de Deus", o autor estuda a interpretação revolucionária e polêmica de Jung do Livro de Jó do Antigo Testamento e a questão teológica de Agostinho do *privatio boni*. O título desse capítulo é uma referência ao próprio Lúcifer, que seria um *controle de qualidade de Deus*, pois sua ação seria fundamental para o aprimoramento das criaturas humanas, testadas e aprimoradas por ele. O uso de um termo comum à sociedade industrial contemporânea é um recurso de humor para lidar com as intricadas e algo pesadas questões teológicas que o autor levanta. Discute-se a proposta de Jung de que Jeová, o deus hebraico do Antigo Testamento, contivesse os opostos em si, lúcifer sendo um de seus filhos. De acordo com o Livro de Jó, lúcifer só chegou a impor a Jó, o mais leal dos servos do Senhor, inenarráveis sofrimentos, doenças e perdas de todos os bens, rebanhos e filhos, porque o próprio Jeová assim autorizou. Lúcifer não seria mais que um agente de Jeová, seu *controle de qualidade*, como diz Aranha.

As decisões éticas de Jó em suas penitências provocam, de certa forma, o aprimoramento de Jeová que resultará no cristianismo. Aqui temos um vínculo com a relação da atitude humana e os deuses, seu aperfeiçoamento. Antonio Aranha alcança, com a questão de Jó, uma unidade em seu trabalho, as decisões e ações humanas, estando intimamente relacionadas às mudanças que as imagens arquetípicas dos deuses sofrem através das idades. O autor encontra assim um dado comum entre as duas tradições, alicerces de nossa cultura ocidental, a Grécia Clássica e a revelação judaico-cristã; realmente ele nos traz um precioso *Livro grego de Jó* que terá, tenho certeza, a melhor acolhida no nosso meio junguiano.

Introdução

[...] paga-se um preço caro e terrível, quando as religiões não se acham em mãos do filósofo como meio de cultivo e educação, mas atuam de maneira soberana e por si, querendo elas mesmas ser os fins e não os meios entre outros meios.
Nietzsche

A nossa existência tem algum sentido? Qual a razão do sofrimento humano? Haverá algum motivo para a nossa dor? Por que existe o mal no mundo? O que é o destino? Há alguma sina pré-traçada para o homem? Deus existe? E se Ele existe, por que Ele criou o homem? Por que permite que o mal impere? Ele tem algum interesse em nosso sofrimento?

Perguntas sem respostas, que nos remetem àquilo que não podemos saber, o mistério profundo que cerca nosso nascimento, nossa vida e nossa morte.

Em seu livro *Os irmãos Karamázov*, Dostoievski coloca na boca daquele que levava a culpa pela morte de seu pai a seguinte máxima: "Mas que será do homem sem Deus e sem a vida futura? Tudo lhe é então permitido, tudo poderá fazer"[1]. Este tipo de pensamento entende a divindade como uma entidade moral, indispensável para a contenção dos instintos antissociais humanos.

---

1. Dostoievski, 1955: 1.204.

Rudolf Otto, no entanto, apontou para a necessidade de se separar a noção de sagrado da conotação moral que associamos a esta palavra. Segundo seu argumento, o sagrado seria o encontro com aquilo que é superior ao homem, que nos colocaria em uma relação de temor e dependência diante do absolutamente avassalador que está acima de qualquer criatura. Sagrado seria assim a relação deste minúsculo humano com o terrível *Mysterium Tremendum*. O que entendemos hoje por sagrado estaria de tal forma confundido com preceitos morais, que Otto preferiu criar um neologismo para designar o que entendia ser realmente sacro, este Mistério Arrepiante sobre o qual ninguém sabe nada, visto que é um Mistério. Assim ele inventou o termo *numinoso* para significar este algo que havia perdido o seu nome.

"O sentimento religioso seria então diretamente e em primeiro lugar uma autopercepção, ou seja, uma sensação sobre minha própria condição peculiar, qual seja, minha dependência"[2]. O aspecto mágico da religião é o que daria ao homem a esperança de poder intervir neste Mistério e de alguma forma conseguir algo desejado, mudar a sorte que se prenunciava.

No século V d.C. Pseudo-Dionísio Areopagita pregava que Deus, o princípio supremo, era algo impossível de ser compreendido ou expresso em palavras. Afirmava, portanto, que não poderíamos considerá-lo bom ou justo, visto que estas são qualidades humanas. Ele tampouco seria mau ou injusto, mas acima da ética e da justiça, em uma realidade inacessível à razão humana. Na busca por sua ascensão, a alma deveria optar pela via apofática, a teologia negativa, a "ignorância divina", o desconhecimento, a consciência de ser incapaz de afirmar o que quer que seja a respeito de Deus. O caminho não teria como fim a Luz que trazia o esclareci-

---

2. Otto, 2007: 42.

O livro grego de Jó

15

mento, mas sim as "Trevas que estão além da luz", no mistério insondável[3].

No século XIV d.C. Guilherme de Ockham alegava que, por ser inteiramente livre e onipotente, Deus poderia inclusive contradizer-se e deixar que ocorresse na Terra algo aparentemente contra seus próprios princípios. Advertia o teólogo que não caberia ao homem restringir a liberdade de Deus, tentando adequá-lo aos limites da razão, da linguagem e da imaginação humanas[4].

Algum tempo depois, Nicolau de Cusa, defendendo a unidade divina, pregava que as contradições se encontravam no princípio da *coincidentia oppositorum*, onde os opostos existiriam simultaneamente em um todo coerente, algo próximo do "Uno em si mesmo diverso" de Heráclito[5].

Como um dos princípios para explicar o pensamento complexo, Edgar Morin usou o conceito de dialógica, a lógica do diálogo, duas lógicas, dois princípios que "estão unidos, sem que a dualidade se perca dentro desta unidade". A dialógica diferiria da dialética, uma vez que nesta o confronto de uma tese com uma antítese levaria a uma síntese, enquanto que, no pensamento dialógico, esta síntese nunca ocorreria, mantendo-se sempre a contradição[6].

Uma das diferenças fundamentais entre os pensamentos de Freud e de Jung diz respeito à função da religião. Para Freud, as representações religiosas teriam nascido da necessidade de o homem se defender contra as potências da natureza. Com seu desenvolvimento teria sido acrescida uma nova função, a de corrigir e controlar os relacionamentos humanos, "os defeitos e danos da ci-

---

3. Eliade, 1984: 78.

4. Ibid.: 226.

5. Ibid.: 242.

6. Morin, 2010: 189.

vilização". Por outro lado, as divindades seriam projeções da figura paterna. Os deuses teriam se formado como uma manifestação neurótica, decorrente do Complexo de Édipo, da culpa pelo assassinato de um pai primitivo que fora transformado em deus[7].

Para Jung, no entanto, as manifestações religiosas seriam formas de o homem entrar em contato com seu material arquetípico usando símbolos para falar sobre "Aquilo" que não se pode expressar em palavras, que não pode ser compreendido, enfim, sobre o Numinoso. Haveria assim, no arcabouço psíquico humano, uma função religiosa inata, responsável por elaborar a relação do homem com o Mistério.

Hall afirmava mesmo que, no mundo materialista em que vivemos, onde o divino foi banalizado, muitas das neuroses não seriam mais decorrentes dos impulsos sexuais reprimidos, como percebia Freud na época vitoriana, pois a liberdade sexual presenciada no século XX não levou a uma diminuição da neurose. Propunha o autor que justamente a repressão da espiritualidade seria uma das fontes de sofrimento humano na atualidade. "[...] do mesmo modo como os vitorianos eram pudicos com relação ao sexo, assim também nos tornamos pudicos com relação a preocupações religiosas honestas"[8].

Cabe aqui fazer a distinção entre três conceitos que normalmente se confundem, a dizer: crença, fé e espiritualidade.

Crença, por definição, é o ato de crer. Ela é algo universal, pois, diante do *Que Nada Sabemos*, só nos cabe crer. Não seria próprio assim dizer que não se crê em nada, mas sim que se crê que nada exista além das forças naturais, políticas, econômicas e culturais regendo este mundo: a crença ateia.

---

7. Freud 1973: 2.971 e 2.985.
8. Hall, 1994: 16.

Fé, a princípio, designaria um tipo de crença: a de que existiria algo transcendente a este mundo. Pode-se usar também o verbo transcender no sentido de sair da perspectiva egocêntrica para o enfoque social, a assim chamada transcendência horizontal. Esta nada tem a ver com a fé, apesar de ser, sem dúvida, uma evolução espiritual. A fé se relaciona sim com a transcendência vertical, a noção de que existem forças superiores mais sutis além das naturais e humanas, que de certa forma interfeririam e direcionariam a vida na Terra e no Universo. Com o desenvolvimento da linguagem, ampliou-se o sentido do termo fé, podendo-se hoje dizer, por exemplo, que se tem fé na ciência, mas geralmente o termo fé está relacionado a algo abstrato, imaterial.

O termo espiritualidade, por sua vez, é o mais difícil de ser conceituado. Como disse Moreira de Almeida, neste assunto estaríamos em um período pré-paradigmático, não havendo "qualquer conjunto-padrão de métodos ou de fenômenos" que todos os estudiosos da área "se sintam forçados a empregar e explicar", havendo quase tantas definições de espiritualidade quanto o número de pesquisadores em atividade na área[9].

Para nosso uso, definiremos espiritualidade como a relação do homem com o Numinoso e de como esta relação interfere no cotidiano da vida. Isto é, a espiritualidade seria a interseção entre a transcendência vertical e a horizontal. Desta forma, todos nós teríamos vida espiritual, pois temos que conviver com o mundo e dar uma resposta aos mistérios que nos cercam, seja ela qual for. A resposta é a nossa crença.

Hoje é comum professar-se a crença de que não exista verdade absoluta. Esta afirmação é em si contraditória, pois ela não

---

9. Moreira de Almeida, 2003: 27.

pode ser uma verdade absoluta. Só se ela for a sua própria exceção, o que é um contrassenso. Ou então poderia ser alegado que a verdade absoluta, que é a exceção da regra para que ela seja válida, é a de que Deus não existe, pois Ele seria a verdade absoluta. Mas a existência de Deus é uma das possibilidades internas do Numinoso, do qual nada pode ser dito ao certo. Afirmar a inexistência de Deus é dizer que se sabe algo a seu respeito, isto é, que Ele não existe. Assim sendo, a única "verdade absoluta" seria sobre algo que não se pode saber, a não ser pelo conhecimento subjetivo.

De forma esquemática, poderíamos supor três hipóteses: ou Deus não existe, ou existem vários deuses, ou existe um Deus único. Caso o Deus uno exista, poderíamos supor duas possibilidades: ou Ele promove um processo de seleção e algumas de suas criaturas serão exterminadas para todo o sempre, ou Ele é tudo, nas mais diversas formas. Se Ele é tudo, em uma de suas infinitas faces Ele certamente teria de não existir. E então seria esta sua face de Deus inexistente que estamos estudando na atualidade.

Em seus estudos sobre religiões, Jung sempre se recusou a admitir que estivesse tratando de teologia, alegando sempre estar interessado no estudo da psique humana. Para ele todas as histórias contidas nos livros sagrados traziam em si imagens arquetípicas provenientes do inconsciente. Dizia, por exemplo, que existiria dentro de nós o arquétipo de Deus, entendendo os arquétipos como "caminhos virtuais herdados"[10], determinados apenas quanto à forma, não quanto ao conteúdo. O conteúdo de uma imagem arquetípica só se daria quando ela se tornasse consciente e, portanto, seria determinado pela cultura onde a imagem arquetípica brotou, "preenchida com o material da experiência consciente".

---

10. Jung, vol. 7/2, § 219.

O livro grego de Jó

Uma imagem arquetípica seria assim uma forma que não traria em si nenhuma mensagem que lhe fosse inerente, mas várias possibilidades de entendimento.

Jung acreditava que existisse no inconsciente um arquétipo da totalidade, ou melhor, um arquétipo de Deus. A imagem de Deus não coincidiria propriamente com o inconsciente em si, mas com um conteúdo particular deste, o arquétipo do Si-mesmo[11], onde reinaria o paradoxo absoluto[12].

Estudando profundamente as religiões, Jung corajosamente questionou-se sobre vários dogmas cristãos em busca de entender a razão da existência do mal no mundo.

Em um de seus livros mais polêmicos, *Resposta a Jó*, Jung vislumbrou a possibilidade de um Deus capaz de errar e de aprender com seu erro, isto é, um Ser capaz de evoluir. E sua evolução se daria justamente por meio do sofrimento humano; em outras palavras, o homem seria o campo de pesquisa ética de Deus.

Partindo deste entendimento, olhamos para outra cultura, tentando verificar se poderíamos perceber o mesmo padrão arquetípico. Escolhemos então a religião olímpica, religião com padrões éticos bastante diferentes dos cristãos, onde os deuses não têm qualquer pretensão de serem perfeitos, perguntando-nos se o sofrimento humano teria ali também alguma finalidade para os deuses. Havia uma grande pista que nos instigava a ousar a nossa hipótese, a história de Orestes; a sua angústia realmente levara a uma transformação no divino. E não foi qualquer deus que sofreu a mudança, mas as Erínias, as terríveis deusas nascidas no momento da castração de Urano. Que conclusões poderíamos tirar disso? O resultado de nossa pesquisa é o que escrevemos a seguir.

---

11. Ibid., vol. 11/4, § 757.
12. Ibid., vol. 12, § 22.

Parte I
Os deuses malditos

> *Os deuses folgam em ouvir os que sempre submissos se mostram.*
> Homero

1 Destino ou erro?

> Clitemnestra: Tudo foi obra do destino, meu filho.
> Orestes: Então é o destino que te mata agora![1]

Tendo como referência esta citação de Ésquilo poderíamos supor que os gregos acreditassem que os homens eram apenas títeres da vontade dos deuses, que se divertiriam em vê-los sofrer nas tramas complexas que urdiam para a sina dos humanos. Segundo o mesmo autor trágico, "os deuses, cuja missão mais certa é castigar os homens, vigiam lá do alto os crimes cá na terra"[2], pois "nada acontece a nós, mortais, sem Zeus. Que pode haver sem o querer divino?"[3] Entretanto, no final de sua tragédia Medeia, Eurípedes coloca na boca do coro a seguinte conclusão:

> Zeus, do alto do Olimpo, determina o rumo de muitos acontecimentos, e muitas vezes os deuses enganam nossas previsões na execução de seus desígnios. O que se esperava não acontece, e um deus franqueia o caminho aos acontecimentos que menos se esperavam[4].

Se Ésquilo dizia que tudo o que ocorria estava de acordo com o "querer divino", Eurípedes professava que o senhor do Olimpo

---

1. Ésquilo. *As coéforas*: 1.162-1.163.
2. Ésquilo. *Agamêmnon*: 1.836-1.838.
3. Ésquilo. *Agamêmnon*: 1.730.
4. Eurípedes. *Medeia*: 1.609-1.615.

"determina o rumo de muitos acontecimentos", isto é, não determina todos. Talvez os acontecimentos que não eram decretados por sua vontade fossem apenas os banais, mas pode ser que algo importante também lhe escapasse. Ao dissertar sobre a origem dos deuses, Hesíodo relata o nascimento das três Moiras, as deusas que fiavam o destino dos homens e dos deuses:

> Noite pariu hediondo Lote, sorte negra e Morte [...] pariu as três Partes e as Sortes que punem sem dó: Cloto, Láquesis e Átropos, que aos mortais tão logo nascidos dão os haveres de bem e de mal, elas perseguem **transgressões** de homens e deuses e jamais repousam as deusas da terrível cólera até que deem com o olho maligno naquele que **erra**[5].

Além de ficar claro nesta passagem o trágico fado da raça humana previsto por Hesíodo, ao que tudo parece, o autor da *Teogonia* acreditava ser possível "transgredir" o destino fiado pelas Moiras e "errar", não se ater ao quinhão de bem e de mal destinado a cada ser desde o nascimento. Se assim não fosse, se estas transgressões já estivessem previstas, fossem decorrentes de um nó que as três terríveis fiandeiras tivessem dado no fio do destino, por vontade delas, desde que a criança nasceu, por que então elas não repousariam até darem "com o olho maligno naquele que erra"? O olhar nefasto já teria fitado o infeliz transgressor desde muito antes de ele errar, sem necessitar que as Moiras deixassem o repouso ou se encolerizassem. Não parece lógico que elas ficassem iradas se os acontecimentos ocorressem de acordo com os seus desígnios. As palavras de Hesíodo dão a entender outra coisa, de que o nó das Parcas só se desse depois do erro cometido, que o nó fosse o "olho maligno". Mas o problema é que o nó não

---

5. Hesíodo. *Teogonia*: 211 e 217-222 – grifos nossos.

O livro grego de Jó

travava o caminho de uma só pessoa, ele podia ser herdado até que todo o erro fosse purgado e o laço pudesse enfim se desfazer.

Tal parece ser também o pensamento de Homero, pois logo no começo da *Odisseia* o poeta, referindo-se ao mal que grassava em Micenas (o mesmo mal que foi cantado por Ésquilo nas *Coéforas*), apresentou Zeus com argumentos bastante diversos, eximindo-se de grande parte da responsabilidade sobre o que ocorria na Terra:

> Caso curioso, que os homens nos culpem dos males que sofrem! Pois, dizem eles, de nós lhes vão todos os danos, conquanto **contra o Destino, por próprias loucuras**, as dores provoquem, bem como Egisto que, **contra o Destino**, à legítima esposa do próprio Átrida se uniu, imolando-o no dia da volta, certo do fim que o esperava sinistro, pois antes lhe enviamos Hermes de tudo a avisar, o brilhante e certeiro vigia, que nem se unisse à mulher, nem tampouco o marido matasse, pois a vingança do filho de Atreu viria de Orestes quando crescesse e saudades sentisse da terra nativa. Hermes assim o avisou; mas **Egisto não quis convencer-se dos bons conselhos de então**. Ora paga por junto [sic] os seus crimes[6].

Percebemos então duas concepções sobre o destino do homem presentes nos textos míticos dos antigos poetas gregos. Ou os homens seriam meros atores de um fado predeterminado que "o Destino e as molestas fiandeiras desde o princípio teceram, ao ser pela mãe dado à vida"[7], ou eles seriam os responsáveis pelos males que lhes afligem por transgredirem ao quinhão que lhes cabia por desígnio divino.

---

6. Homero. *Odisseia*, I: 32-43 – grifos nossos.
7. Ibid., VII: 197-198.

A estas faltas, que encolerizavam as Moiras e que passavam como legado para as gerações seguintes, eles davam o nome de *hamartia*, termo que teria sua origem no verbo grego *hamartanéin*, cujo significado mais comum, segundo Brandão[8], era "errar o alvo". Isto dá a entender que houvesse um alvo, um caminho intencionado para aquele ser humano em especial, mas que, por desejo dele, houvesse ocorrido um erro, um desvio no seu destino.

Estudando os mitos gregos, o que se percebe é que, no mundo regido pelos deuses olímpicos, há certo equilíbrio e um crime cometido teria de ser purgado de alguma forma. "Enquanto o grande Zeus mandar no mundo terá valor um mandamento seu: quem for culpado há de sofrer castigo"[9].

Como exemplo, poderíamos citar algumas histórias ligadas a Minos, o rei de Creta. Querendo vingança do assassinato de seu filho Androgeu pelos atenienses, ele teria resolvido conquistar Mégara antes de sitiar a cidade de Atenas. Na certa queria evitar que sua frota fosse atacada em seu flanco esquerdo pelos navios do Rei Niso, irmão do Rei Egeu de Atenas.

Com a ajuda de Afrodite, Minos recebeu o auxílio da princesa Cila, que traiu o seu pai, cortando-lhe o fio de púrpura de sua cabeleira, fio este que mantinha o seu poder e sua vida. A infeliz havia acreditado nas promessas de casamento feitas por Minos, rei famoso por seus perjúrios. Após garantir a derrota de Niso, ao invés de se casar com a princesa traidora, Minos a amarrou na proa de seu navio para que ela se afogasse[10].

Após a derrota, o povo de Atenas foi obrigado, cada nove anos, a pagar um tributo a Creta de sete rapazes e sete donzelas,

---

8. Brandão, 1986: 77.

9. Ésquilo. *Agamêmnon*: 1.816-1.818.

10. Apolodoro. *Biblioteca*: III, xv: 7-8.

O livro grego de Jó   27

oferecidos para que servissem de repasto ao terrível Minotauro[11]. Na terceira leva, entre os jovens, embarcou Teseu, o herdeiro do trono de Atenas. Chegando a nova remessa ao Porto de Cnossos, Ariadne, a princesa cretense, filha de Minos, também vítima dos poderes de Afrodite, acreditando, assim como Cila, nas promessas de casamento feitas por Teseu, traiu seu pai, entregando ao filho de Egeu os meios para matar o monstro que era fonte de temor e poder para Creta. Após alguns breves dias, Ariadne foi abandonada por Teseu na Ilha de Naxos[12].

Por sua vez, Fedra, a irmã de Ariadne, muito tempo depois, veio a se casar com o matador do Minotauro. Apaixonou-se, no entanto, pelo filho de seu esposo, que a rejeitou. Inconformada, Fedra acabou por arruinar a vida do enteado, acusando Hipólito de trair seu pai e tentar violentá-la. Acreditando nas mentiras de sua esposa, Teseu expulsou seu filho de Atenas e Hipólito encontrou uma morte trágica[13].

Podemos perceber uma variação sobre o mesmo tema. Cila trai o seu pai por amor a Minos, que a despreza. Ariadne, filha de Minos, trai o seu pai, por amor a Teseu, que a abandona numa ilha. Fedra, irmã de Ariadne, casada com Teseu, apaixona-se por seu enteado, que se recusa a trair o seu pai, mas que é expulso de sua casa porque Teseu acreditou nas calúnias de sua esposa. Ésquilo não tem dúvidas:

> [...] ações iníquas geram fatalmente iniquidades umas sobre as outras, idênticas em tudo à sua origem. [...] Uma arrogância mais antiga gera nova arrogância em meio a gente má, e ao se formar, a vida perpetua a au-

---

11. Plutarco. *Vidas* – Teseu, 15: 1-2.
12. Ovídio. *Herodíades*, X.
13. Eurípedes. *Hipólito*.

dácia ímpia como a sua estirpe, destino negro de mil gerações. Nos lares mais discretos, todavia, pode a justiça cintilar constante enaltecendo a existência simples; dos palácios dourados onde existem mãos impuras ela se retira rápida, olhando para onde houver pureza, indiferente à força da riqueza e às suas glórias feitas de ilusões. E guia tudo para o termo certo[14].

Curioso que os poetas gregos se ocupassem em narrar muito mais a história desta "gente má" que "perpetua a audácia ímpia com sua estirpe" e "dos palácios dourados onde existem mãos impuras" do que a "dos lares mais discretos" onde "pode a justiça cintilar constante, enaltecendo a existência simples".

Também é notável que os deuses olímpicos, que mais pareciam aquela "gente má" do que os "lares mais discretos", também estavam expostos à *hamartia*, como atestava Hesíodo ao afirmar que as Moiras "perseguem transgressões de homens e deuses".

---

14. Ésquilo. *Agamêmnon*: 855-883.

2 A maldição de Geia

Assim aconteceu quando Geia, a Terra de fartos seios, criou, por partenogênese, Urano, o céu estrelado, para que a cobrisse por inteiro e fosse o rei do mundo que se diferenciara do Caos. Urano não permitia que Geia parisse seus filhos. Ele os mantinha reclusos no Tártaro, o útero da Grande Mãe.

Na *Teogonia*, Hesíodo diz que o Tártaro surgiu do Caos junto com Geia, Eros, Érebo e Noite. Isto daria a entender que o Tártaro fosse um deus independente de Geia, e não uma parte desta. Mas é bastante aceito pelos estudiosos do assunto que o Tártaro simbolicamente represente o útero da Grande Mãe, como afirmamos acima. O desenrolar da história mostrará que esta associação é bastante adequada.

Pois estavam todos os filhos de Geia presos em seu ventre. Talvez Urano lhes fechasse o caminho com o seu pênis e por isso Cronos teve de capá-lo.

Um dia, quem sabe não aguentando mais suas dores sísmicas, Geia tramou com seu filho Cronos para destronar Urano e libertar a ele e a todos os seus irmãos do Tártaro. Contudo, logo depois de castrar seu pai, abrindo, por assim dizer, o colo uterino de Geia para que ela desse seus filhos à luz, Cronos traiu os votos que fizera a sua mãe e manteve presos no Tártaro seus irmãos, os três Ciclopes e os três Hecatônquiros. Apenas aos Titãs, irmãos da mesma linhagem de Cronos, o novo monarca do universo permitiu sair do útero da Terra junto com ele.

Esta é a versão da Teogonia de Hesíodo[15]. Na *Biblioteca* de Apolodoro[16] o autor parece indicar que apenas os Ciclopes e os Hecatônquiros foram presos por Urano no Tártaro, ficando os Titãs livres na superfície de Geia desde o início. Mesmo assim a traição persistia. Talvez Cronos, que não conhecia seus irmãos monstruosos, por ter nascido depois deles, após castrar seu pai, tendo visto os terríveis Ciclopes e Hecatônquiros saindo do Tártaro, tivesse dado razão a Urano de que tais calamidades não poderiam ficar à solta no mundo e os prendeu de novo no ventre materno.

De qualquer forma, tendo traído seu pai e sua mãe, Cronos recebeu a dupla maldição de que também ele ia ser destronado por um filho[17]. Sabendo que não era seguro aprisionar sua prole no útero da mãe, Cronos resolveu encarcerá-la em seu próprio ventre. Na certa os Ciclopes e os Hecatônquiros eram bastante indigestos para Cronos, mas a carne tenra de seus filhos não escapou. Eram engolidos tão logo sua esposa Reia os paria[18]. Ora, Reia era a filha de Geia, a quem, como deusa da Terra, coubera a incumbência de cuidar de sua mãe no mundo dos Titãs. Bem conhecida é a história de como ela ludibriou seu esposo dando-lhe uma pedra, para salvar Zeus de ser também engolido[19] e de como Zeus conseguiu fazer Cronos vomitar seus irmãos, dando-lhe uma beberagem preparada por sua amante Métis[20].

---

15. Hesíodo. *Teogonia*: 154-182.

16. Apolodoro. *Biblioteca*, I, i: 1-4.

17. Hesíodo. *Teogonia*: 463-465.

18. Ibid.: 459-460.

19. Ibid: 485-490.

20. Apolodoro. *Biblioteca*, II, i: 1.

O livro grego de Jó

31

Para vencer a guerra contra os Titãs, Zeus libertou seus tios, os Ciclopes e os Hecatônquiros, do Tártaro, angariando assim a simpatia de Geia. Mas, tão logo venceu a guerra, lançou no calabouço uterino da Terra seu pai e os demais Titãs que lutaram contra ele[21]. Isto é, Geia continuava grávida dos filhos que já havia parido. Por conta disso, ela amaldiçoou Zeus, profetizando que o segundo filho de Métis seria o causador do fim de seu reinado.

Percebendo que o problema vinha sempre da mãe, que intercedia a favor de seus filhos, Zeus não prendeu seus inimigos políticos no ventre materno, nem dentro de seu próprio ventre, mas prendeu a mãe, engolindo Métis, a Prudência, antes que ela parisse a filha da qual estava prenha. Foi por esta razão que Atena, a filha de Métis, nasceu de dentro da cabeça de Zeus[22]. Isto é, Zeus gestou dentro de seu cérebro a filha de seu medo.

Mas aqui surge um problema. Como Zeus pôde desfazer uma maldição de Geia apenas usando um artifício teofágico. Uma maldição não se desfaz de tal forma. Todavia, uma vez que fora engolida, Métis não teria condições de conceber um segundo filho, o que comprometia a realização da maldição.

Brandão, infelizmente sem citar a fonte de onde tirou tal versão, coloca a praga rogada sobre Zeus de uma forma um tanto diversa. Segundo ele, Urano e Geia teriam dito que "se Métis tivesse uma filha e esta um filho, o neto arrebataria o poder supremo ao avô"[23]. Até o momento não conseguimos encontrar nenhuma fonte grega, helenística ou romana, que ateste esta variante do mito. Contudo, a versão veiculada por Brandão faz sentido. Isto explicaria o fato de a donzela de Zeus ter nascido, de dentro da cabeça do

---

21. Ibid., I, ii: 1-2.
22. Ibid., I, iii: 5-6.
23. Brandão, 1991: 136.

soberano do Olimpo, reprimida sexualmente por seu pai. Ela não devia ter filhos, era a coroa de Zeus que estava em jogo.

Existe um grande perigo em modificar o mito para caber dentro de uma teoria, mas uma história atesta a pertinência da afirmação de Brandão: a de Erictônio, um curioso personagem mitológico que merece ser melhor estudado. Segundo Apolodoro[24], após Hefesto ter flagrado sua esposa Afrodite nos braços de seu irmão, Atena foi até as forjas do deus metalúrgico, desejando que ele lhe fizesse uma nova armadura. Entretanto, ao invés de armá-la, Hefesto tentou possuí-la à força. Não conseguindo violentar a deusa virgem, o senhor das forjas acabou por ejacular em suas coxas. Atena, enojada, limpou-se com um chumaço de lã, que jogou no chão. Desta forma nasceu Erictônio que, apesar de ser filho de dois poderosos deuses, por ter sido gerado de forma pouco ortodoxa, feito *nas coxas*, era mortal.

Assim que viu seu filho surgindo do solo de Geia, Atena pegou a pequena criança, às escondidas dos outros deuses, e colocou-a em um cofre, que entregou a Pandroso, a filha do rei da cidade de Atenas, ordenando que não abrisse a tampa da urna. Porém, assim como Pandora, as irmãs de Pandroso não resistiram à curiosidade e abriram o que era interdito. Enlouquecidas ao ver a pequena criança enroscada por uma serpente, as princesas atenienses se lançaram do penhasco da acrópole.

A criança foi então criada pela própria deusa, que a escondia em um recinto no interior do templo a ela dedicado em Atenas. Ao virar adulto, Erictônio tornou-se o rei daquela *polis*; colocou uma estátua de madeira de sua mãe no templo; fundou as Panateneias, jogos dedicados a Atena; casou-se com a ninfa Praxítea; foi pai de

---

24. Apolodoro. *Biblioteca*, III, xiv, 6.

O livro grego de Jó

Pandíon e morreu. Não existe nenhum relato de qualquer conflito entre Erictônio e Zeus que tivesse posto em perigo a hierarquia olímpica. Mas o cuidado com que Atena escondera seu filho, querendo que os outros deuses *não soubessem de seu nascimento*[25], assim como Reia escondera o pequeno Zeus, parece indicar que ela temia pela vida do pequeno Erictônio.

Talvez Brandão tenha escrito esta versão, apenas uma pequena menção em sua vasta obra, um único verbete em seu dicionário, como uma pista para algo que supunha ter descoberto, narrado nas entrelinhas. Talvez, visando proteger o culto de uma deusa de tanta importância para o povo grego, tão orgulhoso por sua capacidade de pensar, a perigosa informação de que Atena não podia ter filhos, isto é, de que havia uma ameaça perene sobre Zeus, tivesse sido ocultada.

O que restou na literatura, para ser divulgado para o grande público, foi a versão mais cômoda de que o filho jurado na praga de Geia seria o segundo filho de Métis e, portanto, algo impossível de acontecer, visto que Zeus a absorvera. Isto dava a ilusão de que o reinado de Zeus pudesse não ter fim e assim não cabia questioná-lo.

Poderíamos imaginar mesmo que não fosse o ateniense Erictônio o filho da deusa da sabedoria ao qual Geia se referira ao rogar sua praga sobre Zeus, mas outro, nascido de forma bem diferente. Lembrando da acusação que pesava sobre Sócrates, outro célebre ateniense, de que ele cometeu crime e perdeu sua obra, "investigando as coisas terrenas e as celestes, e tornando mais forte a razão mais débil, e ensinando aos outros"[26], cabe perguntar se não seria exatamente a Razão, nascida, assim como Atena, da cabeça dos atenienses, o fatídico descendente de Zeus anunciado por Geia. Segun-

---

25. Ibid., III, xiv: 6.
26. Platão. *Apologia a Sócrates*, 19 B-C.

do os acusadores de Sócrates, o filósofo, com sua maiêutica, teria justamente levado os jovens atenienses a deixarem de acreditar em seus deuses, em outras palavras, destronado Zeus.

Se levarmos em conta esta hipótese de que a Razão era o filho esperado de Atena, isto significaria que o oráculo da Grande Mãe havia se cumprido no tempo histórico, saindo do mito para a realidade. Assim sendo, a religião grega já indicaria em seus mitos o seu próprio fim, o que nos parece bastante curioso.

Deixemos por enquanto as especulações e voltemos aos mitos, assim como eles nos foram narrados. Após a derrota dos Titãs, Geia usou de dois artifícios instigantes para tentar se vingar de Zeus. Primeiro recrutou os Gigantes, uns dos últimos filhos de Urano, nascidos do crime de Cronos, do sangue da genitália decepada que caiu sobre as campinas da Mãe Terra[27]. Após a derrota destes, Geia introjetou o seu ódio e gerou com o Tártaro (com o seu próprio útero, razão de seu drama!), o terrível Tifão. A última arma de Geia contra Zeus acabou soterrada pelo vulcão Etna[28]. Quiçá tencionando conquistar uma relativa paz em seu reino, "Zeus, o imortal, libertou os Titãs" do Tártaro[29] e entregou a Cronos a soberania sobre os Campos Elísios, a ilha dos bem-aventurados[30].

Um último desdobramento divino deste drama pode ser visto na famosa história do rapto de Perséfone, filha de Zeus com Deméter. Esta última era a versão olímpica da deusa da Terra, senhora da agricultura, da terra cultivada e, portanto, herdeira, assim como sua mãe Reia, dos domínios de Geia. Um fragmento órfico[31]

---

27. Apolodoro. *Biblioteca*, I, vi: 1.

28. Hesíodo. *Teogonia*: 820-880.

29. Píndaro. *Píticas*, IV: 291.

30. Píndaro. *Olímpicas*, II, 77.

31. Orfeu. Frag. 145: *Orphicorum fragmenta*, apud Kérenyi, 2002: 98.

O livro grego de Jó

afirma mesmo que "depois de tornar-se mãe de Zeus, aquela que fora Reia, veio a ser Deméter". Só que, ao contrário de Geia, que era tanto a superfície quanto as regiões subterrâneas, Deméter tinha poder apenas sobre o solo de sua avó.

Com o consentimento de Zeus, Plutão raptou Perséfone, levando-a para o reino dos mortos, deixando sua mãe desesperada[32]. Mais uma vez retoma-se o tema da filha de uma deusa telúrica presa no ventre de Geia. Só que desta vez as entranhas da Terra estavam sob o domínio masculino. Desde que os três irmãos olímpicos, depois da derrota dos Titãs, tiraram na sorte a parte do universo que lhes cabia, o reino subterrâneo dos mortos pertencia a Plutão[33].

Antes dos filhos de Cronos assumirem o governo do mundo, a morte era incumbência da deusa Hécate[34]. Cabe lembrar que Hécate foi a primeira a ajudar Deméter a descobrir o paradeiro de sua filha[35]. Talvez pudéssemos supor que o fato de Plutão ter assumido uma função que antes era feminina, tomando posse do interior de Geia, era algo muito conveniente para Zeus, assim como fora conveniente que Apolo tomasse conta do oráculo de Delfos que, antes dele, era da incumbência de Geia.

Quando soube onde sua filha estava, Deméter exigiu que a devolvessem, mas Perséfone já havia comido uma semente de romã que crescera nas terras do Hades, o que a tornava eternamente vinculada ao reino dos mortos[36]. O caráter erótico do apetite de Perséfone pela romã é evidente.

---

32. Homero. *Hino homérico a Deméter*: 1-32.
33. Homero. *Ilíada*, XV: 187-194.
34. Graves, 2008: 157.
35. Homero. *Hino homérico a Deméter*: 25-26.
36. Ibid.: 405-410.

Por um acordo entre os deuses, ficou estabelecido que Perséfone permaneceria um terço do ano com seu esposo e dois terços do ano com sua mãe, o que miticamente explicaria o fenômeno climático da primavera, quando Deméter se regozijava com o retorno de sua filha[37].

No entanto, a conivência de Zeus com seu irmão no rapto de Perséfone não parece gratuita. Ao contrário, soa como uma afirmação de poder. Geia não consentira em manter seus filhos em seu ventre. Agora Zeus, soberano sobre o universo, obrigava a Perséfone, a filha de Deméter (a herdeira olímpica da Grande Mãe Terra), a viver nas entranhas de Geia. Ou então poderíamos supor que Perséfone fosse exatamente o complemento de Deméter, pois se esta reinava sobre a superfície terrena, aquela ia agora ser soberana sobre o mundo subterrâneo.

---

37. Ibid.: 397-404.

3 Os crimes humanos

Assim como acontecia com os deuses, da mesma forma sofriam os humanos. Apesar dos mitos gregos já indicarem o nascimento da noção de indivíduo, com certeza não se pode falar de um sujeito autônomo. Os personagens eram transpassados pela influência de deuses que destemperavam o seu comportamento. Etéocles, por exemplo, quando não quis dividir o poder sobre Tebas com seu irmão Polinice, foi possuído pela "Ambição, a mais nociva de todas as divindades"[38]. Por outro lado, qualquer um poderia ser, a qualquer momento, convocado pelas Moiras para pagar um crime cometido por um ancestral, isto é, o destino de um homem estava diretamente vinculado ao de sua família e, portanto, não era individual, não podia se separar do todo. Poderíamos lembrar que o orfismo, com sua crença na metempsicose, pregando que cada um teria que pagar os crimes que cometera, se não nesta vida, em uma vida futura, já denotava uma noção de responsabilização do indivíduo por seus atos. Mas a religião órfica nunca foi o credo oficial da antiga Hélade.

Grande parte dos crimes humanos cantados nos mitos gregos são decorrentes de um desrespeito dos homens para com os deuses. Salmoneu quer se comparar a Zeus, andando em um carro, ar-

---

38. Eurípedes. *As fenícias*: 719.

rastando um caldeirão de bronze amarrado a tiras de couro, lançando tochas acesas para os lados, pretendendo assim ter o poder do trovão e dos raios, exigindo que seus súditos sacrificassem em honra dele, não dos deuses[39]. Ixíon quer colocar chifres na cabeça de Zeus, tentando pegar Hera à força[40]. Sísifo prende a Morte em seu palácio e engana Plutão e Perséfone, abusando da compaixão dos deuses subterrâneos[41]. A punição vinha então no sentido de colocar o homem no seu devido lugar, mostrar a medida certa que não deve ser ultrapassada. Para estes grandes crimes, castigos exemplares no Tártaro.

Ocorrera uma significativa mudança de postura de Geia depois de ver todos os seus filhos à luz. Ela aceitou com tranquilidade que os grandes criminosos dentre os homens fossem lançados em seu útero para sofrerem por toda eternidade. Isto é, os maiores males que apareciam em sua superfície eram purgados em seu interior. Geia passou de uma postura passiva, na qual sofria a condenação de ter seus filhos presos no útero, para uma posição onde se tornou instrumento de condenação. Com certeza os humanos não são Titãs, Ciclopes ou Hecatônquiros para causar um grande tumulto em seu ventre e, sem dúvida, não existe nada pior do que ficar preso dentro do útero da Grande Mãe.

Havia também aqueles crimes mais leves, erros cotidianos para com os deuses que levavam a infortúnios pessoais, alguma desdita a ser paga pelo próprio criminoso em algum momento de sua vida, sem que o castigo fosse cobrado no mundo do além, ou restasse como legado para as gerações seguintes.

---

39. Apolodoro. *Biblioteca*, I, ix: 5-8.

40. Apolodoro. *Epítome*, I: 20-21.

41. "Escoliastas sobre Homero": *Ilíada* vi: 153, apud nota de James Frazer in Apolodoro, vol. 1: 79. • Teógnis. *Poemas elegíacos*: 701-712.

Existiam, no entanto, transgressões intermediárias entre os grandes crimes punidos no Tártaro e as faltas que revertiam diretamente para o faltoso. Estes erros de gravidade considerável originavam uma maldição familiar. Isto normalmente ocorria quando o desrespeito aos deuses estava associado a uma falta grave cometida contra alguém com quem se tivesse um vínculo direto de sangue, ou melhor, quando a falta fosse contra o fogo sagrado do lar.

4 O perdão do pai

O exemplo mais claro deste tipo de *hamartia* é o de Tântalo, rei da Lídia. Contar a trágica história de sua família implica um grande problema, exigir do leitor uma atenção redobrada para seguir a complexa trama, cheia de personagens e situações pouco usuais. Se pedimos este esforço extra é porque vemos nestes mitos uma argumentação fundamental para a tese que queremos demonstrar: de que o sofrimento humano está diretamente relacionado com o sofrimento divino.

Tentando fazer mais fácil o acompanhamento desta intrincada história, colocamos no adendo a árvore genealógica desta família. E para que não se torne muito extensa e cansativa a nossa narração, optamos por destacar apenas os eventos mais significativos para o entendimento do desenrolar desta maldição, ocultando vários detalhes que, por mais curiosos e instigantes que sejam, não nos ajudariam em nada em nossa tarefa, podendo antes confundir o leitor.

Tudo começou com um grande crime. Tântalo era um dos filhos bastardos de Zeus. Por ser um homem muito agradável, era frequentemente convidado para participar das festas no Olimpo. Desconfiando da onisciência divina, talvez por estranhar que continuassem a convidá-lo, apesar de seus pensamentos malévolos, Tântalo ofereceu aos imortais um banquete no qual o prato principal era a carne de seu próprio filho Pélops, para testar se

O livro grego de Jó   41

eles descobririam o seu crime ou se participariam do festim sem nada desconfiar[42].

Por conta disso, Tântalo foi lançado no Tártaro para pagar eternamente seu delito e Pélops foi ressuscitado pelos deuses. Após algum tempo em que foi forçado a servir de copeiro para Posídon, Pélops desejou desposar Hipodâmia. Mas antes de se casar ele tinha que vencer Enômao, o pai de Hipodâmia, em uma corrida de carros, sendo que o carro de Enômao era levado por cavalos de sangue divino e, portanto, invencíveis. Desejando Pélops, Hipodâmia tramou a morte de seu próprio pai, pedindo para Mírtilo, que cuidava do carro e dos cavalos de Enômao, que retirasse as cavilhas que prendiam as rodas da biga. E como se não fosse o suficiente, após a morte de Enômao, Pélops assassinou Mírtilo, o sabotador do carro de corrida de seu sogro. Antes de deixar a vida, Mírtilo amaldiçoou toda a descendência de Pélops[43].

Em uma das versões Hipodâmia confabulou com seus filhos gêmeos, Atreu e Tiestes, para matar Crisipo, o filho bastardo de Pélops. Pélops maldisse os dois irmãos assassinos e os expulsou da corte de Pisa[44].

Após ter sido banido da casa paterna, Atreu casou-se com Aérope, com quem teve dois filhos: Agamêmnon e Menelau. Aérope mantinha um caso amoroso com Tiestes, o irmão de seu esposo. O que é grave, todavia, é ela ter enganado seu esposo, ajudando o amante a ganhar a disputa pelo trono de Micenas. No entanto, por intermédio de Zeus, a coroa micênica foi para a cabeça de Atreu[45].

---

42. Píndaro. *Olímpicas*, I: 36-65. • Higino. *Fábulas*: 83.
43. Apolodoro. *Epítome*, II: 4-10.
44. Higino. *Fábulas*: 85.
45. Apolodoro. *Epítome*, II: 19-13.

Depois de matar a esposa infiel, Atreu convidou seu irmão Tiestes para um banquete de pretensas reconciliações, mas o jantar fraternal era apenas um engodo, um motivo para colocar em prática a terrível vingança que tramava contra seu irmão gêmeo. O prato principal do jantar de confraternização eram as carnes de Tântalo e Plístene, os filhos de Tiestes[46]. Curioso o fato de que um dos filhos de Tiestes servido no banquete antropofágico tenha o mesmo nome Tântalo que seu bisavô que serviu a carne de seu filho Pélops para os deuses.

Após devorar seus próprios filhos sem saber, Tiestes foi consultar um oráculo para saber como se vingar de seu irmão. A pitonisa lhe disse que ele mesmo, Tiestes, nada poderia fazer contra Atreu, mas se quisesse vingança deveria engravidar sua filha Pelopia. Disfarçado com uma máscara, ele a violentou, enquanto ela tomava banho em um rio. Desta união incestuosa entre pai e filha nasceu Egisto[47]. Mais uma vez, chama a atenção que o nome da filha, por meio da qual se engendraria a vingança de Tiestes pela morte de seus filhos Tântalo e Plístene, tenha um nome derivado de Pélops, o filho assassinado pelo pai, o nó inicial da maldição.

Como é curioso o destino fiado pelas Moiras. Atreu saiu em procura de seu irmão Tiestes para matá-lo e acabou conhecendo Pelopia, grávida de Egisto, e casou-se com ela. Atreu criou Egisto como se fosse seu filho, ao lado de Agamêmnon e Menelau, sem saber que alimentava perto de si a desgraça de sua casa[48].

Quando Egisto já era um rapaz crescido, Atreu pediu que ele matasse Tiestes, seu verdadeiro pai, o qual nunca vira antes. No

---

46. Higino: *Fábulas*: 88.
47. Ibid.: 87.
48. Ibid.: 88.

O livro grego de Jó

entanto, quando pai e filho se encontraram, Tiestes reconheceu em Egisto o seu próprio sangue. Sabendo de toda a história, Egisto tomou-se de ódio por aquele que o criara como pai. Assumindo o destino revelado pelo oráculo, Egisto matou Atreu, expulsou de Micenas Agamêmnon e Menelau, os filhos legítimos de Atreu, e colocou Tiestes no trono. Ao saber que fora estuprada por seu próprio pai e que era mãe de seu irmão, Pelopia se suicidou[49].

Exilados de Micenas após a morte de seu pai, Agamêmnon e Menelau pediram asilo na corte de Esparta. Com a ajuda do Rei Tíndaro, Agamêmnon, filho de Atreu, retomou o poder de Micenas, expulsando Tiestes e Egisto[50].

Nesta época, Clitemnestra, filha do Rei Tíndaro de Esparta, já havia se casado com Tântalo (o mesmo filho de Tiestes que, em outra versão, tivera as carnes servidas em um guisado no banquete que Atreu ofereceu para seu irmão gêmeo). Tântalo e Clitemnestra tinham um filho ainda em idade de colo. Desejando Clitemnestra como esposa, Agamêmnon deu fim à vida de seu primo Tântalo e de seu pequeno sobrinho[51].

Após o rapto de Helena, irmã de Clitemnestra e esposa de Menelau (irmão de Agamêmnon), as tropas gregas se reuniram no Porto de Áulis, mas o vento não soprava. Consultando-se um oráculo, soube-se que a deusa Ártemis ordenava que Agamêmnon, o descendente de Tântalo (aquele que matou seu filho Pélops para desafiar os deuses), oferecesse sua filha Ifigênia em sacrifício para que os navios dos aqueus pudessem zarpar para Troia. O chefe

---

49. Ibid.

50. Eusébio. *Crônicas*, I: 175-176. • Tzetzes. *Quilíades*, I: 433ss., apud Graves, 2008: 481.

51. Apolodoro. *Epítome*, II: 15.

das tropas gregas foi obrigado a colocar seu dever cívico acima de seu sentimento[52].

Após a partida de Agamêmnon para Troia, Clitemnestra, apesar dos avisos de Hermes, tornou-se amante de Egisto, o principal inimigo de seu esposo. Com sua ajuda, assassinou Agamêmnon no mesmo dia em que ele se apresentou em Micenas, voltando vitorioso da Guerra de Troia[53].

Além de Agamêmnon, Egisto também matou Telédamo e Pélops, os gêmeos recém-nascidos, filhos de Agamêmnon e Cassandra, princesa troiana que o chefe dos aqueus trouxera como escrava para Micenas (que foi assassinada por Clitemnestra)[54]. É digno de nota que o nome do filho de Agamêmnon seja Pélops, morto pelo filho de Pelopia.

Agamêmnon tinha quatro filhos com Clitemnestra: Ifigênia (que fora sacrificada em Áulis), Electra, Crisotêmis (personagem que não é mencionado na *Oréstia* de Ésquilo, mas aparece na *Electra* de Sófocles) e Orestes. Este último, o único filho homem, foi retirado de Micenas nas vésperas do assassinato de seu pai e cresceu na corte do Rei Estrófio, aos pés do Parnaso. Quando já era grande, consultou o oráculo de Delfos e Apolo disse que ele deveria vingar a morte de seu pai. Com a ajuda de sua irmã Electra, matou Clitemnestra e seu amante Egisto. Tendo assassinado sua própria mãe, Orestes caiu vítima do tormento das Erínias, as cruéis vingadoras dos crimes familiares[55].

---

52. Eurípedes. *Ifigênia em Áulis*.
53. Ésquilo. *Agamêmnon*.
54. Pausânias, II: 16, 7.
55. Apolodoro. *Epítome*, VI: 23-25.

Após um ano sendo perseguido e atormentado pelas Erínias, Orestes finalmente chegou à cidade de Atenas, onde foi julgado no tribunal sagrado do Areópago. Tendo Apolo como seu advogado de defesa, Orestes foi perdoado de seus crimes. Por meio da intervenção de Atena, que ofereceu às terríveis deusas vingativas o bosque de Colono, onde elas poderiam se estabelecer e receber culto, as malévolas Erínias se acalmaram e se transformaram nas Eumênides, deusas auspiciosas, distribuidoras de benesses para os homens[56].

Vemos nesta trágica história familiar o desenvolvimento de uma maldição paterna, desde o assassinato do filho pelo pai, até a vingança do filho pelo assassinato do pai. Entretanto, muito mais que apenas um exemplo de purgação de uma maldição através das gerações, talvez aqui pudéssemos ver um indício sobre a razão da existência do homem. Não que qualquer grego jamais tenha mencionado a hipótese que nos move, mas com certeza ela está lá, é uma das leituras possíveis.

As Erínias, que Ésquilo apresenta como filhas da Noite, eram, para Hesíodo, as trágicas filhas de Urano, nascidas, junto com os Gigantes e as Ninfas Melíades, do sangue derramado sobre Geia no momento em que Cronos cortou o pênis de seu pai. Isto é, as Erínias, deusas responsáveis pela punição dos crimes familiares, eram a epifania da maldição que Urano lançara sobre Cronos.

Pode-se entender o fato de estas terríveis deusas aceitarem a oferta de Atena para que se instalassem nos bosques de Colono como uma alegoria à submissão das antigas regras de vendeta entre as famílias às novas leis que regiam a *polis*. Contudo parece-nos mais interessante notar que, a partir do sofrimento humano hou-

---

56. Ésquilo. *As eumênides.*

ve uma mudança numa *hamartia* divina. Vingando a morte de seu pai, Orestes purificou um crime cometido por Cronos contra Urano, transformando as terríveis Erínias nas benfazejas Eumênides. Por meio do homem se desfez uma maldição divina. A maldição, uma vez desfeita, tornava-se uma bênção.

5 A sorte negra

Pensemos então no personagem de Egisto. O oráculo havia previsto que ele seria o agente da vingança de seu pai. Por isto Tiestes havia possuído sua filha à força. O fato em si de Egisto matar seu tio Atreu não ia contra o destino traçado pelos deuses. Era a justiça de Têmis quem ditava. O que Hermes veio avisar, segundo Homero, é que "nem se unisse à mulher (Clitemnestra), nem tampouco o marido matasse (Agamêmnon) [...], mas Egisto não quis convencer-se dos bons conselhos de então. Ora paga por junto [sic] os seus crimes".

Um mito, já citado acima, dá uma justificativa do ódio que Egisto sentia por seu primo, com quem fora criado como irmão. Tântalo, o primeiro esposo de Clitemnestra, que foi assassinado por Agamêmnon, era irmão de Egisto[57]. Pausânias chegou mesmo a argumentar que não podia dizer "com certeza se Egisto começou o erro ou se Agamêmnon errou primeiro ao assassinar Tântalo, o filho de Tiestes"[58]. Mas parece que esta razão, frente aos deuses, não foi suficiente para convencer a Justiça, e Egisto morreu pelas mãos de Orestes.

---

57. Apolodoro. *Epítome*, II: 15.
58. Pausânias, II: 18, 2.

Fica estranho, contudo, pensar que o assassinato de Agamêmnon não fizesse parte dos desejos de Zeus, como dá a entender na passagem de Homero citada páginas acima. Afinal, fora por causa deste crime, através de Orestes, que Cronos pôde ser perdoado por seu pai pelo fato de ter desejado nascer. Talvez tal contradição se desfaça se pensarmos no deus Destino, o "hediondo Lote, sorte negra" que a Noite pariu. Havia algo no universo governado pelos olímpicos que certamente não era predito por Zeus, como pensava Eurípedes em sua Medeia. Algo que ele mesmo não sabia, que lhe era maior. Zeus podia pesar numa balança Aquiles e Heitor e decidir quem ia morrer. Mas o seu próprio destino estava na mão do "hediondo Lote", para quem as terríveis fiandeiras trabalhavam. Isto fica claro numa passagem da peça *Prometeu acorrentado* de Ésquilo, onde o protagonista diz explicitamente que nem Zeus podia fugir ao Destino[59].

Seguindo as histórias das maldições familiares é fácil perceber que existe uma purificação final nas faltas cometidas por esta "gente má". O que dá a entender na figura de Orestes é que a maldade desta gente tinha um fim benéfico para os deuses. O homem era o fármaco divino, o bode expiatório.

Isto faz supor que a transgressão de Tântalo, que perpetuou "a audácia ímpia como a sua estirpe" talvez tivesse realmente sido predita pelo Destino, isto é, que o nó das Moiras já estivesse no fio da sina de Tântalo desde o seu nascimento, pois o seu crime desencadeou uma grande limpeza espiritual. E se foi assim, fica curioso pensarmos que o crime de Tântalo, que serviu a carne de seu filho para que os deuses comessem, estivesse destinado a desencadear uma purificação do crime de Cronos, que devorava seus próprios filhos.

---

59. Ésquilo. *Prometeu acorrentado*: 665-669.

O que é intrigante, contudo, é a postura de Orestes e Electra, que se revoltavam contra a mãe pelo assassinato de seu pai, sem lembrar que Agamêmnon fora o responsável pela morte de sua irmã Ifigênia, oferecida em sacrifício. Ou melhor, sem se lembrar não. Na tragédia *Ifigênia*, em Áulis, Eurípedes conta que o pequeno Orestes estava presente no cenário da execução de sua irmã, e na tragédia *Electra* Sófocles mostra, sem deixar dúvidas, que a filha de Clitemnestra sabia muito bem desta história e achava natural que seu pai houvesse imolado sua irmã para que as naus de casco negro zarpassem em direção a Troia. Isto é, o emocional feminino deveria se conter frente ao dever social masculino.

6 Um final feliz

Nesta emaranhada história familiar, uma figura que merece uma atenção especial é Hipodâmia, a esposa de Pélops. Ela estava diretamente envolvida na morte do pai; além disso, tramou com os filhos para acabar com o bastardinho querido de seu esposo. Afinal, será que a culpa pelo quase parricídio de Hipodâmia não pesava sobre aquela família?

Curiosamente, os mitos gregos mostram uma certa compaixão para mulheres que cometiam um crime por motivos de amor. Já citamos o caso de Cila, que cortou o fio de púrpura da cabeleira de seu pai, que o tornava invencível. Na versão de Ovídio[60], após ela ter facilitado a morte de seu pai e a ruína de seu povo, Cila, vendo os navios gregos partirem sem levá-la, clamou por Minos no meio do porto:

> Ó tu que foges abandonando a tua benfeitora; tu, que preferi à minha pátria, que preferi a meu pai, por que foges, perverso? Tu, cuja vitória é, ao mesmo tempo, o meu crime e o meu direito a recompensa?

Chama a atenção a curiosa concepção moral desta traidora, que via claramente a perversão da atitude de seu amado e achava-se no direito a uma bela recompensa por seus crimes perver-

---

60. Ovídio. *Metamorfose*, VIII: 152.

O livro grego de Jó

51

sos. Desesperada, ela se jogou ao mar, tentando alcançar a nado a frota que se distanciava da costa. Movida pela força da paixão, a "companheira odiosa, agarra-se ao navio cretense". Mas quando Cila consegue finalmente colocar suas mãos num futuro possível, a alma de seu pai, transformada em águia marinha, avançou com seu bico e garras em direção à causadora de sua morte. Assustada, Cila largou a popa do navio e, na queda, transformou-se em outra ave, de identificação discutível.

Ariadne é outra referência a esta tolerância divina ao erotismo feminino. Depois de trair seu pai e ser abandonada por Teseu sozinha em uma ilha, casou-se com o deus Dioniso[61].

Um exemplo bastante claro de um crime contra a família, que não gerou uma vingança das Erínias, encontramos na história de Medeia. Para fugir com seu amor levando o Tosão de Ouro, que era a fonte do poder espiritual de seu pai, Medeia matou o seu irmão e o picotou, espalhando seus pedaços no mar[62]. Certo que Medeia teve uma vida desgraçada, que em si pode ser um pagamento dos crimes que cometera contra seu irmão e seu pai e, mais tarde, contra seus próprios filhos[63]. Mas até onde sabemos, nenhum mito restou sobre alguma maldição que assolasse a família real da Cólquida. Ao contrário, o final de Medeia é glorioso. Dizem algumas versões[64] que ela teria mesmo entrado nos Campos Elísios após sua morte, onde se casou com o belo Aquiles!

Talvez pudéssemos pensar que os poderes de Afrodite estivessem acima das Erínias. Faz sentido se lembrarmos que Afrodite (segundo a Teogonia de Hesíodo) nasceu do pênis de Urano caí-

---

61. Pausânias, I: 20, 3.
62. Apolodoro. *Biblioteca*, I, ix: 23-24.
63. Eurípedes. *Medeia*.
64. Apolodoro. *Epítome*, V: 5-6.

do no mar e as Erínias (também segundo a Teogonia) do sangue que jorrou do púbis do deus castrado sobre a terra de Geia. Sendo da mesma geração das Erínias, talvez os crimes cometidos sobre a influência de Afrodite tivessem um certo abono espiritual. Mas se isto era verdade, ao que parece era um privilégio feminino. Difícil pensar em algum mito relativo a esta particularidade da criminalística divina com relação ao gênero masculino.

Mas então onde está a justiça para com Clitemnestra, a mulher que nasceu de dentro de um ovo? Afinal, Agamêmnon matara seu primeiro esposo e seu pequeno filho, obrigando-a a se casar com ele, para depois ver sua primogênita sacrificada no Porto de Áulis: "nenhum dos deuses se revolta e mostra sua cólera a favor da mãe!"[65] – reclamava o fantasma de Clitemnestra.

Na defesa de Orestes no Areópago de Atenas, Apolo diz explicitamente que:

> Aquele que se costuma chamar de filho não é gerado pela mãe – ela somente é a matriz do germe nela semeado; de fato, o criador é o homem que a fecunda; ela, como uma estranha, apenas salvaguarda o nascituro quando os deuses não o atingem[66].

Isto é, sendo o pai quem realmente gerava o filho, cabia à mãe apenas a função de conter o embrião colocado dentro dela. Assim sendo, Orestes, vingando o assassinato do pai, teria feito um ato honroso, mesmo que para isso tivesse matado sua mãe, algo de menor importância.

Um outro dado, porém, indica que Clitemnestra realmente não tinha razão de ter ódio por seu marido, a não ser por causa da morte de seu primeiro esposo e do filho que ela tivera com ele. Ifi-

---

65. Ésquilo. *Eumênides*: 149-150.
66. Ibid.: 866-873.

O livro grego de Jó

53

gênia não havia sido sacrificada. No momento em que ia ser imolada em honra de Ártemis, a deusa a substituiu miraculosamente por uma corça[67]. A filha de Agamêmnon fora levada pelos ares para o santuário de Ártemis em Táuris, onde havia uma estátua de madeira da deusa que diziam ter caído do céu no local do templo. Ifigênia servia de sacerdotisa neste templo, sacrificando à irmã de Apolo todos os gregos que naufragavam por aquelas bandas[68]. A vítima tornara-se algoz.

Se, para Sófocles, os sofrimentos de Orestes terminaram em Atenas, para Eurípedes não. Mesmo depois do episódio cantado nas Eumênides de Sófocles, as Erínias teriam continuado a atormentá-lo. Consultando o oráculo de Apolo, o deus disse que ele só teria paz quando trouxesse a miraculosa estátua de sua irmã de Táuris para Atenas[69].

Esta permanência das Erínias ao lado de Orestes, mesmo depois do acordo travado entre os deuses nos bosques de Colono para apaziguar a fúria das terríveis vingadoras, parece contradizer nossa hipótese de que a *hamartia* de Cronos tivesse sido perdoada através de Orestes em Atenas. Mas, desta vez, a angústia interna que as Erínias impingiam àquele que elas atormentavam tinha claramente uma finalidade positiva, isto é, elas já eram as benfazejas Eumênides, mesmo usando dos mesmos artifícios. A loucura imposta por elas visava fazer com que Orestes reencontrasse sua irmã Ifigênia, que ele acreditava morta, e tudo acabasse em felicidade no encontro dos três irmãos, Orestes, Ifigênia e Electra, em Delfos[70].

---

67. Eurípedes. *Ifigênia em Áulis*: 2.200-2.214.

68. Ibid.: 1-65.

69. Eurípedes. *Ifigênia em Táuris*: 80-93.

70. Higino. *Fábulas*: 72.

7 A sacerdotisa de Hera

Mas se Orestes purgou, por assim dizer, a maldição paterna de Cronos, como se desfez miticamente a traição deste deus à confiança de Geia? Como diz a sabedoria popular, "as coisas com a mãe são sempre mais complicadas". Talvez pudéssemos buscar uma pista na história de Io, um claro desrespeito do poder masculino à feminilidade.

Logo depois do grande dilúvio, os deuses competiram entre si pelos pedaços de terra sobre os quais seriam padroeiros. O Rio Ínaco arbitrou a disputa entre Hera e Posídon por parte do Peloponeso e dedicou aquelas terras à esposa de Zeus. Não demorou muito e o senhor do Olimpo se interessou por Níobe, a filha de Foroneu, neta do Rio Ínaco. Níobe foi a primeira mulher a ser amada por Zeus[71], abrindo, por assim dizer, a Idade dos Heróis.

Podemos ver nesta aventura de Zeus apenas mais uma demonstração do apetite sexual incontrolável do senhor do Olimpo, mas aí, segundo nos parece, deixaríamos escapar algo fundamental. O caso com Níobe é uma demonstração de poder. Escolhendo justamente a filha de Foroneu para ser sua amante, Zeus afirmava que tudo lhe era permitido, mesmo dentro das terras de sua esposa.

---

71. Ibid.: 45.

O livro grego de Jó   55

Em homenagem a Argos, o filho natural do senhor do Olimpo, as terras dedicadas a Hera, a deusa dos casamentos legítimos,
receberam o nome de Argólida. Talvez devido às honras que Ínaco lhe prestara, o romance de sua neta com Zeus passou imune à
vingança de Hera, mas Zeus se engraçou com a filha de Ínaco, que
além do mais era sacerdotisa do templo de Hera[72].

Todas as noites, Oniro trazia em seus sonhos uma mensagem
de Zeus para Io, propondo-lhe grandes prazeres. Sem saber o que
fazer, a casta donzela conversou com seu pai, que pediu uma ori-
entação ao oráculo. Este, por sua vez, ordenou que Ínaco expul-
sasse sua filha de casa, "se não quisesse ver um raio cintilante, solto das mãos de Zeus, pôr fim" à sua raça[73].

Os prazeres prometidos por Zeus foram rápidos, mas os sofrimentos de Io não. Bestializada, tomou a forma de uma novilha,
que logo caiu sob o poder de Hera. Esta colocara a amante bovina
de seu esposo sob a guarda de um gigante que curiosamente tinha o mesmo nome Argos do filho que Zeus tivera com a sobrinha
de Io. Com uma artimanha, Hermes conseguiu matar o gigante,
mas Hera mandou uma mosca enlouquecer a vida da pobre Io,
que saiu, grávida, a vagar pelo mundo tentando fugir das picadas
do inseto[74]. Resumindo o final da história, Io acabou no Egito,
onde deu à luz Épafo[75].

Neste ponto, cabe-nos perguntar qual o crime de Zeus; o fato
de trair sua esposa não lhe era um problema moral. Entretanto,
dentre todas as suas inúmeras amantes, Io foi a única sacerdotisa
do templo de Hera, uma mulher consagrada espiritualmente à sua

---

72. Apolodoro. *Biblioteca*, II, I: 1-4.

73. Ésquilo. *Prometeu acorrentado*: 867-868.

74. Apolodoro. *Biblioteca*, II, i: 3.

75. Ibid., II, i: 3.

esposa, responsável por afirmar a soberania da senhora do Olimpo sobre as terras da Argólida. O jovem Zeus não havia ainda percebido que ele também tinha um limite; ele havia ultrapassado uma fronteira que não podia, maculando o fogo sagrado de seu lar. É neste sacrilégio contra o sagrado feminino que vislumbramos uma *hamartia* de Zeus.

Se Deméter era a herdeira de Geia quanto aos cuidados do solo geográfico, a Hera cabia o cargo de rainha do Olimpo, esposa do soberano, assim como sua avó era a esposa de Urano, rei dos deuses da primeira geração. Quer dizer, Hera herdara de Geia não os atributos, mas o poder. Por outro lado, Reia, a mãe de Hera e de Zeus, filha de Geia e esposa de Cronos, havia se mostrado uma peça fundamental para que a vingança de Geia contra seu filho se cumprisse, escondendo o pequeno Zeus do apetite voraz de Cronos, como dissemos acima. E se Reia era uma agente da vingança de Geia contra Cronos, talvez algo se refletisse também na relação entre Zeus e Hera. Estes paralelos entre Geia, Reia e Hera é que nos permitiu ousar fazer uma ponte entre o crime de Zeus com Hera com aquele de Cronos com Geia.

8 No caminho com a mãe

Enorme foi a descendência de Io. O que é notório nesta grande família, contudo, é o fato de haver tantos personagens ligados em algum aspecto à figura materna. Não nos parece proveitoso dissertar extensamente sobre estas complexas figuras e suas intrigantes histórias, pois a narrativa seria muito longa e talvez cansativa. Por isto, assim como fizemos com a história da família de Tântalo, destacaremos apenas alguns episódios que nos parecem importantes para nossa argumentação.

As coisas começam a esquentar com o conflito entre os bisnetos de Io. Ao que tudo indica, os dois gêmeos Agenor e Belo não demoraram muito para disputar entre si a posse do reino banhado pelo Nilo.

Como comenta Boechat, "os opostos psicológicos personificados pelos gêmeos representam a tensão de energia psíquica necessária para que o próprio processo vital tenha lugar"[76]. Cabe aqui lembrar o conflito entre os gêmeos Atreu e Tiestes, narrados acima, fundamental para o perdão das Erínias.

Se faz sentido a nossa hipótese sobre o crime de Zeus, que necessitou, não um bode, mas uma novilha expiatória, o *processo vi-*

---

76. Boechat, 2008: 72.

58 Coleção Reflexões Junguianas

tal da purificação desta *hamartia* teria começado com os filhos do furioso Posídon, o eterno opositor de Zeus.

Belo ficou com a coroa do Egito, enquanto Agenor rumou para as terras do Levante e fundou o que viria a ser o reino fenício[77]. Para entender o destino purgatório destes dois troncos genealógicos precisamos antes ter em mente outro parâmetro definitivo no destino da humanidade segundo os mitos gregos. De um lado havia os humanos comuns, que em sua maioria pouco tempo tinham para aventuras em seu trabalho diário, mas que, por vezes, traçavam um trajeto na Terra bastante inusitado. Deles se distinguiam os heróis que, por receberem uma carga genética divina, eram capazes de enfrentar uma façanha acima da capacidade humana normal. Esta distinção é bastante significativa se pensarmos na estrutura econômica da antiga civilização grega que, mesmo no auge da democracia, tinha como base a exploração colonial e o trabalho escravo. Isto é, não havia igualdade de estatuto entre todos os seres humanos.

Como a *hamartia* cometida foi de um deus com uma mortal, a purificação deveria ocorrer tanto na esfera humana como na divina. Em nossa visão, Belo abriu o caminho para a purgação do herói, portanto, do sangue divino. Por sua vez, a descendência de Agenor versou sobre o humano.

Atenhamo-nos primeiro à trágica história da família de Agenor. Um dia Zeus admirou as formas de sua filha. Surgiu nas praias de Sidon como um lindo touro. Não parece à toa que a trineta da novilha Io tenha sido seduzida pelo touro Zeus. Mais interessante ainda é que Europa tenha sido levada para Creta, a ilha onde nasceu Zeus e a ele dedicada, lugar seguro, onde nem uma mosca

---

77. Apolodoro. *Biblioteca*, II, i: 3-4.

O livro grego de Jó   59

vinda da Argólida entraria sem a autorização do senhor do Olimpo. De fato, não há qualquer recordação de uma vingança de Hera contra Europa relatada pelos antigos poetas. Ao contrário, parece que Creta era um lugar bastante tranquilo para Zeus ter um romance com sua amante. Afinal, se as aventuras de Zeus com as mortais rendiam normalmente um único filho, quando muito um par de gêmeos, com Europa Zeus teve três filhos de idades diferentes, que tampouco sofreram qualquer retaliação por parte de Hera[78]. É instigante pensar que Zeus, tão pouco interessado pela sorte de suas amantes, tenha tido tanto cuidado com Europa. Seria isto um indício de culpa?

Furioso com o desaparecimento de Europa, Agenor mandou seus três filhos procurarem pelo destino de sua irmã. Ao sair da casa de seu pai, Cadmo levou junto com ele sua mãe, Telefassa, para percorrer os caminhos atrás de Europa. Por que Telefassa seguiu o seu filho? Os antigos não nos deixaram nenhuma pista a este respeito, mas os relatos dizem que ela abandonou o marido e que Agenor, enfurecido, teria dito que, se não trouxessem Europa de volta para Sidon, não precisavam voltar[79].

Muito complexa é a vida de Cadmo. Notório, porém, é que, após a morte de sua mãe, orientado por um oráculo, ele, para saber onde fundar a cidade de Tebas, teria seguido os passos de uma vaca (o que remete diretamente à novilha Io e a um paralelo com sua irmã, carregada por um touro). Outro fato digno de nota é ele ter passado oito anos escravo do deus da guerra, um deus terrível[80].

---

78. Ibid., III, i: 1.
79. Ibid., III, i: 1.
80. Ibid., III, iv: 1.

9 O deus humano

Uma das filhas de Cadmo também caiu no poder das divindades. Seduzida por Zeus, confundida por Hera, Sêmele morreu queimada num incêndio. Mas Zeus salvou o embrião de Dioniso e o colocou em sua coxa[81].

Importante é o fato da gestação de Dioniso ter ocorrido dentro de Zeus. Atena também foi gestada dentro do soberano do Olimpo, mas Zeus havia engolido a sua mãe, a Prudência, que, por ser imortal, vivia dentro do *pai dos homens e dos deuses*. Desta vez, a mãe de Dioniso havia morrido e a coxa de Zeus serviu de útero para o deus do êxtase. Isto é, Zeus assumiu a função materna. Como dizia Nono: "carregou em seu útero-masculino, pai e mãe graciosa ao mesmo tempo"[82]. Parece-nos significativo esta incorporação de uma função feminina por Zeus numa linhagem que se destinava a purgar sua *hamartia* com sua esposa e de Cronos com Geia, como queremos demonstrar.

Em uma outra versão sobre o nascimento de Dioniso, preservada por Atenágoras, Zeus teria se unido à sua mãe Reia, gerando Perséfone, com quem mais tarde se uniu, concebendo Dioniso[83].

---

81. Ibid., III, iv: 3.
82. Nono. *Dionisíaca*, I: 13.
83. Atenágoras. *Libellus pro christianis*, 20, apud Kérenyi, 2002: 98.

O livro grego de Jó

Isto faz deste deus um produto de um duplo incesto (de Zeus com sua mãe e com sua filha/irmã), algo muito condizente para aquele que foi identificado como o tio-avô de Édipo nas versões mais canônicas.

Por definição, Dioniso, como filho de um deus com uma mortal, seria um herói, mas o tempo fetal que passou dentro da coxa de Zeus fez com que ele tivesse uma força espiritual suplementar que o permitiu se impor como deus diante dos olímpicos.

À primeira vista pode parecer contraditório que, exatamente na família que dissemos representar a purgação do lado humano da *hamartia*, tenha nascido este deus híbrido. Vale lembrar que Dioniso não teve qualquer filho relacionado com a história de Tebas. Depois de Sêmele, nenhum outro deus se interessou por qualquer sofredor daquela descendência. Ao contrário, Dioniso veio trazer importância divina à história bastante humana da trágica família tebana. O deus do êxtase apontava uma nova esperança para o homem de Hesíodo: a de que ele, fadado à desgraça, pudesse incorporar um deus, trazer o divino para mais próximo do humano, o que nem sempre era algo prazeroso.

Outra coisa notável é a agressividade com que Hera se vingou da traição de seu esposo. Normalmente, diante das aventuras de seu marido, ela ora desgraçava a vida da amante, ora a do filho bastardo, raramente importunava a ambos. Mas depois de matar Sêmele, Hera enlouqueceu Ino, a irmã de Sêmele a quem Zeus havia confiado o pequeno Dioniso. Ino e seu esposo Átamas, tomados pela *mania* mandada por Hera, mataram seus filhos Learco e Menicertes sem saber o que estavam fazendo[84]. Ao que tudo indica a atração que Zeus teve pela filha de Cadmo teria tocado em uma dor profunda de Hera, para que ela tivesse este acréscimo em sua fúria habitual.

---

84. Apolodoro. *Biblioteca*, III, iv: 3.

O próprio Dioniso foi vítima de Hera, famosa por enlouquecer homens e deuses. Assim que descobriu como se fabricava o vinho, Dioniso ficou maluco e saiu a sofrer pelo mundo[85]. Se pensarmos que a grande deusa louca, aquela capaz de tirar o juízo do outro, era a senhora do Olimpo, a raiva de Hera pela descoberta de Dioniso fica mais compreensível. Através do vinho, Baco incorporava um domínio da deusa, o de levar as pessoas à loucura. Isto é, o filho ilegítimo de Zeus, enlouquecendo os homens, para fazê-los transcender na catarse, trabalhava sobre um domínio do feminino enlouquecido dentro de Hera, a deusa dos casamentos legítimos. Não estranha que aquele deus não lhe agradasse.

Se levarmos em conta, contudo, a ideia de que a família de Cadmo era a responsável pelo desdobrar da maldição que Geia rogara no mundo, a relação entre estes dois deuses muda um tanto de significado.

Dioniso, o deus do êxtase, estava presente de forma importante tanto nos mitos órficos quanto nos Mistérios de Elêusis, que visavam a elevação do espírito humano. O transe nas bacanais direcionava o homem ao autoconhecimento. Seria então Dioniso o curandeiro da insanidade de Hera, aquele que zelava pela dor do universo feminino?

Depois de muito vagar, o filho de Zeus só conseguiu retomar sua razão quando foi purificado por Cibele[86]. Segundo Brandão esta era uma deusa asiática, cujo culto teria sido introduzido na Hélade por volta do século VI a.C. Sua importância religiosa teria suplantado a de Reia, a esposa de Cronos, deusa ligada à lembrança de uma antiga divindade ctônica da civilização minoica, que floresceu em Creta entre os séculos XXVII e XV a.C. Reia era uma deu-

---

85. Ibid., III, v: 1.
86. Ibid., III, v: 1.

O livro grego de Jó   63

sa ligada à Terra e à vegetação, que teria ficado sem um lugar preciso entre Geia, *a Terra cosmogônica*, e Deméter, *a Terra cultivada*[87]. Na Grécia Continental, Reia nem mesmo possuía "um centro de culto próprio que fosse significativo"[88]. A associação de Reia com Cibele se tornou mais evidente entre os romanos, que davam o nome de Cibele à mulher de Saturno. Mas é evidente que esta aproximação sincrética entre a deusa da Anatólia e a de Creta havia começado muito antes dos latinos a cultuarem como uma única deusa.

O que caracterizava os ritos orgiásticos de Cibele nas terras da antiga Anatólia era o fato de os homens, para se iniciarem nos mistérios revelados pela deusa, terem que se automutilar, arrancando, no meio do transe, seus próprios órgãos sexuais[89]. Instigante pensarmos que Cibele, ou, se me permitem, Reia, quisesse a castração de seus devotos.

Talvez não seja descabido fazer uma relação entre as Erínias e Reia-Cibele. O ódio de Urano por Cronos, por conta de sua castração, fez nascer as Erínias. O ódio feminino de Geia parece ter sido herdado por sua filha. Reia desempenhara um papel fundamental para que a maldição de Geia se cumprisse durante a disputa de Cronos com seus filhos, fazendo com que Zeus escapasse da voracidade de seu pai. Ela, agora, travestida de Cibele, pedia o pênis de seus filhos. Teria a grande Reia minoica se transformado na epifania da maldição de Geia?

Mais uma vez destacamos que justamente esta relação entre Reia (a esposa de Cronos) e Geia (sua mãe) é que nos permitiu fa-

---

87. Brandão, 1991: 207.
88. Kérenyi, 2002: 7.
89. Graves, 2008: 139.

zer o paralelo entre o crime de Zeus com Hera (sua esposa) com o de Cronos com Geia.

A ligação de Dioniso com o feminino é notória. Quando Zeus entregou seu filho aos cuidados de Ino, ele a aconselhou que criasse seu filho como se fosse uma menina[90]. Depois que foi reconhecido como deus pelos imortais, Dioniso baixou aos infernos para buscar o espírito de sua mãe Sêmele e levá-lo para o Olimpo, onde ela recebeu o nome de Tione, "a furiosa"[91]. Isto é, uma mulher amante de Zeus, descendente direta de Io, resgatada dos infernos por seu filho, virou deusa. A alma de Sêmele, uma mortal purificada pela visão do divino, galgara uma posição antes impensada, graças a Dioniso, o deus que trazia o divino para a esfera do humano.

Para descer ao Hades e resgatar a alma de sua mãe, Dioniso teve de mergulhar no Lago de Alcione, perto de Lerna, lago muito profundo, um dos portais de acesso para o mundo das sombras[92]. Uma picaresca história, preservada por Clemente de Alexandria, relata que, para conhecer o caminho que levava ao inferno, Dioniso necessitou da ajuda de Prosimno. Para revelar o que sabia, este cobrou do deus "um salário que não tinha nada de belo, senão para Dioniso: pedia que se prestasse ao prazer do amor. O deus prontamente aceitou o pedido, ele prometeu pagar se ele retornasse". Entretanto, quando Baco voltou à luz do dia, Prosimno já havia morrido. "Para saldar a dívida com seu amante, Dioniso foi, cheio de desejos impuros, até seu túmulo. Ele cortou, ao acaso, um galho de figueira, deu-lhe a forma desejada e se serviu dele para quitar a promessa que fizera ao morto. É para

---

90. Apolodoro. *Biblioteca*, III, iv: 3.

91. Ibid., III, v: 3.

92. Pausânias, II: 37, 5.

O livro grego de Jó

lembrar misteriosamente este fato que nas cidades se dedicam fa-
los a Dioniso"[93].

A aparência de Dioniso era efeminada; pálido, ao invés de
bronzeado, como os guerreiros gregos. Basta lembrar a descrição
que Penteu fez de seu primo, por quem já estava inteiramente se-
duzido:

> Mas, para o gosto das mulheres, estrangeiro, não és
> malfeito [...] teus longos cabelos bem arranjados nes-
> ses cachos sobre a face em nada se assemelham aos de
> um lutador; eles lembram amor[94].

O nome Dioniso já aparece mencionado na tableta X de Pilos,
escrita em linear B, datada do século XIV a.C. e é mencionado de
forma passageira, em Homero (séc. VIII a.C.), que dizia ser aquele
deus "chamado na terra delícia dos homens"[95], sem dar-lhe maior
importância no meio de tantos deuses fabulosos. Dioniso só tomou
destaque na mitologia e na literatura por volta do século VII a.C.
Este reconhecimento tardio de um deus, já presente no imaginário
grego desde o século XIV a.C., se deveria a causas políticas. "Com
seu *êxtase* e *entusiasmo* o filho de Sêmele era uma séria ameaça à
polis aristocrata, à *polis* dos Eupátridas, ao *status quo* vigente,
cujo suporte religioso eram os aristocratas deuses olímpicos"[96].

Certamente o que ameaçava a *"polis* aristocrata" patriarcal
não era apenas o caráter democrático do culto dionisíaco, mas a li-
beração das mulheres nas bacanais. A aceitação deste novo deus
não foi tranquila. Vários mitos versam sobre a resistência que Dioniso sofreu para impor seu culto entre os humanos.

---

93. Clemente de Alexandria. *Protréptico*, II, 34: 3-5.

94. Eurípedes. *As bacantes*: 601-606.

95. Homero. *Ilíada*, XIV: 325.

96. Brandão, 1988: 117.

A mais famosa resistência é contada de forma magistral por Eurípedes em suas Bacantes. Penteu, o rei de Tebas, neto de Cadmo, não admitia a entrada em suas terras do novo culto trazido por um forasteiro, nascido no Oriente, que dizia ser seu primo. O estrangeiro era Dioniso, o filho que Zeus tivera com a sua tia Sêmele, que morrera queimada no grande incêndio que destruiu o primeiro palácio de Tebas.

Antes da chegada do deus à cidade fundada por Cadmo, sua história o precedeu. Segundo diziam, o fogo havia começado quando Sêmele, a tia do Rei Penteu, virara uma labareda como consequência de uma artimanha muito bem urdida por Hera. A deusa, tomando as feições e a voz da aia de Sêmele, insuflou no coração da princesa o desejo de ver Zeus em todo o seu esplendor. Além de atiçar a loucura, Hera instruiu a inocente sobre como fazer com que Zeus não tivesse como dizer não ao pedido de sua amante.

Agave, a mãe de Penteu, dizia que tudo aquilo era uma grande mentira. A verdade, segundo ela, era que sua irmã havia perdido a virgindade com um qualquer e colocara a culpa de seu ato leviano na conta do senhor do Olimpo. Por isto é que Zeus havia mandado um raio em cima do palácio para punir a boca sacrílega[97].

O "raio" desta vez não veio de Zeus para punir aquela boca sacrílega, mas de Dioniso. Agave enlouqueceu e saiu a cantar e bailar no Monte Citerão como uma mênade, uma sacerdotisa do grande Baco, totalmente possuída pelo deus contra o qual blasfemara. Penteu tentou prender Dioniso, mas também foi atraído pela loucura do deus, caindo no desejo de ver sua mãe num rito orgiástico onde o sexo era liberado. Mas nem sempre era o sexo que o deus pedia ao seu devoto. O que ele queria agora era um as-

---

97. Apolodoro. *Biblioteca*, III, iv: 3.

sassinato. Travestido de mulher, o Rei Penteu morreu estraçalhado por sua própria mãe que pensava estar matando um leãozinho em honra do deus.

Percebemos aqui o retorno do tema do filicídio, que já aparecera na história de Ino, a irmã de Sêmele e de Agave. Ela e seu marido Átamas, a quem Zeus confiara o pequeno Dioniso, possuídos pela loucura de Hera, também mataram seus filhos, como já mencionamos acima. Desta vez, enlouquecida por Dioniso, era Agave quem esquartejava o seu.

10 Os gêmeos amigos

Após a morte de Penteu, a sequência dos fatos fica um tanto confusa. Não é claro o momento da morte de Lábdaco, o filho de Polidoro, primo de Penteu, havendo versões incongruentes entre elas. O que importa é que, quando morreu, seu filho Laio era muito jovem para assumir o trono de Tebas. De Óclaso, o filho órfão de Penteu, pouca notícia restou, apenas a de que ele era o avô de Jocasta, que viria a ser a esposa de Laio muito tempo depois[98]. O poder da cidade ficou então nas mãos de um nobre tebano chamado Nicteu, sogro de Polidoro e, portanto, avô materno de Laio[99].

Sobre o reinado de Nicteu ocorreu uma nova intervenção de Zeus no destino de Tebas. O senhor do Olimpo desejou a filha de Nicteu. Após tornar-se mulher, Antíope fugiu de casa, temendo a reação de seu pai. Este se suicidou, mas antes pediu que seu irmão Lico lhe vingasse. Por conta disso, Hera não precisou se molestar para punir a amante de seu esposo, Lico fez isto por ela. E, mais que Lico, Dirce, sua mulher, que curiosamente era sacerdotisa de Dioniso. Quando Anfião e Zeto, os filhos de Zeus, vieram salvar sua mãe Antíope e mataram Lico e Dirce, Laio foi expulso de Tebas e se refugiou na corte de Pélops[100].

---

98. Kerényi, 1978: 370.
99. Apolodoro. *Biblioteca*, III, iv: 1-2.
100. Apolodoro. Ibid., III, v: 5. • Higino. *Fábulas*: 9.

O livro grego de Jó

Poderíamos supor que o flerte de Zeus com Antíope servisse como uma resistência do pai dos homens e dos deuses em ver desenrolar aquela tragédia que lhe dizia tanto respeito, interrompendo o poder da linhagem maldita. Mas seria mais proveitoso recordarmos a ideia citada acima, defendida por Boechat, de que os gêmeos representam tensões energéticas desencadeadoras de um processo. Entretanto, parece aqui que a tensão não era interna.

Ao contrário de todos os gêmeos descendentes de Io, que sempre brigavam entre si, disputando o poder sobre o reino paterno, os filhos de Antíope se davam muito bem. Zeto de temperamento violento, Anfião de índole pacífica, amante da música. Este último só saiu do sério quando viu seus filhos sendo mortos pelos deuses. Anfião era casado com Níobe, a filha de Tântalo, aquele que servira a carne de Pélops para os deuses. O orgulho de Tântalo parece ter sido herdado por sua filha, pois Níobe ousou se comparar a Leto, a mãe de Ártemis e Apolo, zombando da deusa que tinha apenas dois filhos, enquanto ela, Níobe, tinha quatorze. Como castigo pela ofensa, assistiu à morte de todos seus filhos, flechados pelas mãos certeiras dos dois filhos de Leto[101]. Revoltado contra os deuses, Anfião também morreu com uma flecha atravessada em seu corpo. Quanto a Zeto, este já havia morrido anteriormente de desgosto, pois sua esposa, com ciúmes da prole de sua cunhada, desejara matar o primogênito de Níobe e, por engano, acabara matando seu próprio filho, o que levou ao desespero e à morte de Zeto[102].

---

101. Apolodoro. *Biblioteca*, III, v: 6.
102. Pausânias, IX: 5, 9. • Homero. *Odisseia*, XIX: 518-523.

11 Entre pai e filho

Toda esta história dá a entender que o processo que os gêmeos amigos Anfião e Zeto vieram desencadear visava empurrar Laio para fora de Tebas. Expulso pelos tiranos filhos de Zeus, que tomaram o trono que lhe pertencia por direito de sangue, Laio buscou asilo na corte de Pélops, aquele que tivera a omoplata comida por Deméter, o filho do maldito Tântalo e irmão de Níobe (a esposa de Anfião)[103]. Ocorreu assim o cruzamento de duas linhagens malditas; segundo nossa hipótese, uma carregando a maldição de Urano e a outra a de Geia.

Um curioso intercurso sexual ocorreu no convívio destas duas famílias amaldiçoadas. Laio se apaixonou por Crisipo, o filho de Pélops com uma ninfa. Este Crisipo é o mesmo rapaz que em outra versão teria sido assassinado por Atreu e Tiestes, o que propiciou a expulsão destes gêmeos da casa paterna, como foi descrito acima. Nesta outra variante da história, Laio teria raptado Crisipo, levando-o para Tebas, desrespeitando os laços sagrados de hospitalidade[104]. Ao saber do ocorrido, inconformado, Pélops saiu no encalço dos amantes. Envergonhado, Crisipo se suicidou[105].

---

103. Apolodoro. *Biblioteca*, III, v: 5.

104. Ibid., III, v: 5.

105. *Ateneu*, XIII: 79. • Escoliastas de Eurípedes. *Fenícias*, 1760, apud nota de James Frazer em Apolodoro, I: 339.

O livro grego de Jó 71

Não cabe aqui um estudo profundo sobre o homossexualismo masculino dentro dos mitos gregos. Isto fugiria muito do nosso objetivo, mas não pode passar desapercebido o fato de que, no encontro da linhagem maldita do Pai com a linhagem maldita da Mãe, tenha acontecido um intercurso homossexual, isto é, uma relação onde o feminino não está presente fisicamente, mas dentro do masculino. E mais, que este intercurso tenha se dado de forma trágica.

Entretanto, o que é mais estranho é a atitude de Pélops, horrorizado ao saber que seu filho se tornara amante de seu hóspede, quando ele mesmo já havia sido amante de Posídon. Como nos relata Píndaro:

> [...] o mestre do tridente esplêndido te arrebatou; o amor havia subjugado seu coração. Em seu carro de ouro, ele te transportou ao palácio celeste do Deus Soberano, aonde, mais tarde, veio também Ganimedes com Zeus, para a mesma finalidade[106].

Tentando justificar a atitude de Pélops, lembremos do fato de que ele é quem tinha sido servido no banquete de seu pai e que depois foi ressuscitado com uma omoplata de marfim para substituir aquela que Deméter devorara, isto é, ele era o nó central que desencadeara a purgação da maldição paterna. No fim da festa macabra foi que o senhor dos mares o raptou com seu carro dourado. Logo Posídon, um deus brutal. Não deve ter sido uma boa experiência para Pélops.

Para o príncipe troiano Ganimedes, "sem dúvida, o herói de mais bela aparência"[107], "favorito no leito em que Zeus se deliciava"[108], sobre quem não pesava uma grande responsabilidade *cár-*

---

106. Píndaro. *Olímpicas*, I: 39-45.
107. Homero. *Ilíada*, XX: 233.
108. Eurípedes. *Ifigênia em Áulis*: 1.480-1.481.

mica, ou *hamártica*, se quiserem, ao invés de ser uma maldição, era sem dúvida uma bênção ter que servir néctar e ambrosia para os imortais, sempre disposto a qualquer serviço outro que lhe demandassem. Ele foi o único caso extraconjugal de Zeus com humanos que Hera aceitou tranquilamente no Olimpo. Pélops, talvez por causa do trauma de ter sido servido como comida para os deuses, parece que não gostava muito de banquetes, pois não ficou muito tempo no Olimpo. Logo voltou ao convívio dos mortais para casar-se com Hipodâmia. Talvez ele tenha se espelhado na figura de seu filho nos braços de Laio, e por isso não aceitou o caso de Crisipo com o futuro pai de Édipo.

Após a morte de Anfião e Zeto, Laio assumiu o trono de Tebas. Tempos depois casou-se com Jocasta, que deveria ser muito mais jovem que ele, pois era bisneta de seu tio Penteu. Apesar do conselho do oráculo de que Laio não deveria ter nenhum filho, uma noite, embriagado pelo vinho, instrumento de Dioniso, concebeu Édipo no ventre de Jocasta[109].

Muito se tem especulado sobre a causa da *hamartia* da família de Édipo, a maldição dos Cadmeus, os descendentes de Cadmo. No fim, sempre nos resta a impressão de que o castigo de Édipo fora desproporcional, que Zeus havia sido injusto com ele. Culpa-se o caso homossexual de Laio com Crisipo, a não aceitação de Penteu em receber o culto de Dioniso em Tebas etc. Talvez pudéssemos supor que o grande crime original teria ocorrido quando Cadmo tirou sua mãe Telefassa de seu pai Agenor, mas isto também aparenta ser uma consequência de um crime anterior. O delito parece preceder o fundador de Tebas, pois já se prenunciara uma geração antes de Cadmo, no conflito entre os gêmeos Agenor

---

109. Apolodoro. *Biblioteca*, III, v: 7.

O livro grego de Jó

e Belo, que fez com que o pai de Cadmo abandonasse o Egito e se instalasse nas terras do Levante. Ao que tudo indica, o grande delinquente era Zeus, um antepassado direto do pobre príncipe tebano que acreditava ter nascido em Corinto.

Vernant e Vidal-Naquet, questionando as conclusões de Freud, apontam para o fato de que nas primeiras versões do mito não se percebe nenhum traço de autopunição, pois Édipo teria morrido tranquilamente instalado no trono de Tebas, sem ter nem ao menos furado seus olhos. "Foi precisamente Sófocles que, por necessidade do gênero, deu ao mito sua versão propriamente trágica – a única que Freud, que não era mitólogo, pôde conhecer"[110].

Nas Fenícias de Eurípedes[111], escrita depois do Édipo Rei de Sófocles, nem mesmo Jocasta se suicidou após descobrir-se casada com seu filho, pois aparece aconselhando Etéocles e Polinice a não entrarem em guerra pelo poder de Tebas, isto muito tempo depois de a tragédia edipiana ter sido revelada. Só quando a guerra é deflagrada é que a mãe de seus netos pôs fim à sua vida com uma espada e não enforcada como em Édipo Rei.

Na maioria das versões, mesmo naquelas em que ele cega seus olhos, consta que Édipo continuou em Tebas depois de descobrir que era pai de seus irmãos. A permanência do maldito na cidade das sete portas teria revoltado Etéocles e Polinice, que injuriavam seu pai[112], razão de o porquê Édipo ter amaldiçoado seus filhos[113]. Ou, então, segundo Eurípedes, teria sido exatamente o contrário. Os filhos de Édipo, querendo "sepultar nas sombras o pecado resistente ao tempo, imaginando assim fugir às divinda-

---

110. Vernant e Vidal-Naquet, 1986: 5.
111. Eurípedes. *As fenícias*: 601-622, 2.165-2.167.
112. *Fragmentos de Épica Grega Arcaica*. Tebaida: 2-3.
113. Eustácio. *Tebaida*, I: 73-88.

des", impediram o desgraçado filho de Laio de partir, expondo-o à vergonha pública, "sem pensar no respeito devido a seu pai". Teria sido por isso que Édipo os amaldiçoou[114].

Ocorre aqui uma mudança de papéis: o amaldiçoado virava agora o amaldiçoador. A maldição não era mais lançada pelo divino, ela provinha do humano.

Quando foi finalmente expulso de Tebas[115], após ter vagado cego por diversos lugares, Édipo, prevendo sua morte, rumou para o bosque das Eumênides, em Colono, perto de Atenas. Como vimos acima, as Eumênides eram as terríveis Erínias vingadoras dos crimes familiares, transformadas em benfazejas pelo sofrimento de Orestes. Era ali que elas viviam, no bosque dado por Atena às filhas do sangue de Urano jorrado sobre o corpo de Geia no momento de sua castração. A morte de Édipo é rodeada de mistérios, como nos conta Sófocles:

> Fica sabendo: ele acaba de conquistar a vida eterna [...] Mas nenhum dos mortais [...] pode dizer como Édipo chegou ao fim. Deve ter sido o mensageiro de algum deus, ou então os abismos sempre tenebrosos do mundo subterrâneo podem ter-se aberto para levá-lo sem lhe causar sofrimentos. O homem desapareceu sem lamentar-se e sem as dores oriundas de doenças, por um milagre inusitado entre os mortos[116].

Curioso pensar que aquele infeliz, o grande purgador da maldição de Geia, segundo nossa hipótese, tenha conseguido sua paz justamente no bosque dedicado às Erínias. Ora, as Erínias estavam diretamente relacionadas à maldição que Urano lançou con-

---

114. Eurípedes. *As fenícias*, 1.220-1.228.

115. Ibid.: 2.182-2.186.

116. Sófocles. *Édipo em Colono*: 1.877. 1.962-1.972.

tra seu filho Cronos no momento de sua castração; elas que, por meio do sofrimento de Orestes, haviam se transformado nas bondosas Eumênides. E tudo isto fica mais curioso se pensarmos na possibilidade de "os abismos sempre tenebrosos do mundo subterrâneo" terem se aberto, dentro deste bosque das Erínias, "para levá-lo sem sofrimento", isto é, que ele tenha voltado vivo, como convidado, não como prisioneiro, para dentro do ventre da Grande Mãe Geia e que ele tenha sido agraciado com a "vida eterna".

Tudo dá a entender que ele, por meio de sua vida trágica, tenha purgado um grande crime relacionado ao feminino, à figura da Grande Mãe. No nosso entendimento, esta *hamartia* era justamente a de Cronos com Geia, representada simbolicamente pelo desrespeito de Zeus com sua esposa no episódio de Io, como explicamos acima. Assim sendo, temos mais um exemplo de como o sofrimento humano, representado por Édipo, era um instrumento para restabelecer o equilíbrio entre os deuses.

12 Haverá alguma escolha possível?

Mas se a tragédia de Édipo serviu, assim como a de Orestes, para harmonizar as relações entre os deuses, por que a maldição dos Cadmeus não acabou com a cegueira de Édipo? Após o exílio deste, seus dois filhos que ele amaldiçoara, Etéocles e Polinice, estabeleceram um acordo de dividir alternadamente o poder de Tebas, cabendo cada ano a um deles. Contudo, Etéocles, possuído pela Ambição[117], após assumir o trono, não cumpriu o combinado. Polinice então promoveu uma guerra contra Tebas para garantir seus direitos.

O adivinho Tirésias avisou para Creonte, o irmão de Jocasta, que ele teria que sacrificar seu filho Meneceu para que Tebas fosse preservada do infortúnio. "Este é o decreto inabalável do destino"[118]. Como Creonte se recusou a cumprir o que o *destino* lhe pedia, Meneceu se suicidou em prol do bem comum[119].

Poderíamos fazer aqui um paralelo entre a atitude de Creonte, que se recusou a sacrificar seu filho para salvar sua cidade,

---

117. Eurípedes. *As fenícias*: 719.
118. Ibid.: 1.273-1.277.
119. Ibid.: 1.408-1.412.

O livro grego de Jó

com a atitude de Agamêmnon, que aceitou imolar sua filha virgem para que os navios dos aqueus pudessem partir para Troia. Estas posturas diferentes têm um significado especial se levarmos em conta a nossa hipótese. Agamêmnon, ligado à maldição paterna, optou pelo caminho masculino da obrigação social, enquanto Creonte, ligado à maldição materna, seguiu o caminho feminino, do sentimento. Mas como ninguém foge do destino, Meneceu pôs fim a sua própria vida, pulando do alto das muralhas de Tebas.

Talvez devido ao autossacrifício de Meneceu, Tebas foi poupada, mas os dois filhos de Édipo acabaram por encontrar a morte um nas mãos do outro[120]. Creonte, o irmão de Jocasta, a quem, como tutor do filho de Etéocles[121], coube o poder da *polis* após a morte dos filhos de Édipo, proibiu que se prestassem honras funerárias a Polinice. Para os antigos helenos, isto significava que a alma do defunto ia ficar por toda a eternidade às margens do Cocito, um dos rios do reino dos mortos, a chorar suas mágoas, sem nunca poder esquecer. No entanto, Antígona, a filha de Édipo que o acompanhara no exílio, prestou os ritos funerários ao irmão proscrito e por ter desobedecido a ordem do rei, seu tio, foi condenada a ser enterrada viva no túmulo da família sem qualquer preparação espiritual para a entrada no mundo do além[122].

Enquanto Édipo caminhava inconsciente rumo à sina designada pelos deuses e da qual ele tentava fugir, Antígona assumiu conscientemente o destino trágico que era reservado a seu irmão, isto é, passar o resto da eternidade a chorar à beira do Cocito. Este ato de vontade humana pôs fim à maldição daquela família.

---

120. Ésquilo. *Sete contra Tebas*: 815.

121. Pausânias, I: 39, 1.

122. Sófocles. *Antígona*.

Após estes acontecimentos, Tersandro, o filho de Polinice, promoveu a guerra dos Epígonos e conquistou o poder sobre Tebas, a dourada[123]. Contudo, este neto de Édipo não sofreu nenhum contratempo após assumir o poder da *polis* fundada por Cadmo. Morreu tempos depois por razões que nada têm a ver com a maldição dos Cadmeus[124]. Quer dizer, ele apenas vingou o seu pai, sem que suas ações tivessem qualquer relação com o drama divino. Este reajuste humano de contas também pode ser visto com os filhos de Héracles, perseguido por Euristeu após a morte do herói[125]. Uma vingança humana sem maior importância para o mundo divino.

Diante da história trágica de Édipo e de sua família, cabe aqui mais uma vez perguntar se os homens teriam, para os antigos gregos, alguma escolha frente ao destino imposto pelos deuses. Duas figuras míticas, pouco exploradas pelos estudiosos, parecem indicar que era sim possível uma escolha. Uma destas personagens é Ismênia, a quarta filha de Édipo, que aparece sempre como uma figura apagada, que apenas sofre, sem tomar qualquer atitude. Tenta mesmo dissuadir sua irmã da intenção em desobedecer à ordem de seu tio:

> E não nos esqueçamos de que somos mulheres e, por conseguinte, não poderemos enfrentar, só nós, os homens. Enfim, somos mandadas por mais poderosos e só nos resta obedecer a essas ordens e até a outras ainda mais desoladoras[126].

A segunda personagem é Crisotêmis, que não existe nas tragédias de Ésquilo, mas em Sófocles, aparece como alguém que opta deliberadamente pela mediocridade, de tal forma que não dei-

---

123. Higino. *Fábulas*: 71.
124. Apolodoro. *Epítome*, III: 17.
125. Apolodoro. *Biblioteca*, II, viii: 1.
126. Sófocles. *Antígona*: 68-71.

O livro grego de Jó

xou mais qualquer lembrança sua em outros mitos gregos ou latinos, quando muito, apenas a menção de seu nome[127]. Conversando com sua irmã Electra, revoltada com as atitudes de sua mãe Clitemnestra, a infeliz covarde teria afirmado categoricamente:

> Parece-me, porém, que, entre as atuais desditas, a prudência aconselha a navegar com velas amainadas, sem dar a perceber que empreendo alguma ação e sem agravar ninguém. Desejaria que te portasses também deste modo. Se bem que a justiça não está no que eu digo, mas no que tu pensas; todavia, se devo viver em liberdade, importa-me obedecer em tudo a quem manda[128].

Mesmo Jocasta parece que preferia o caminho da alienação, pois, vislumbrando a desgraça que se desvelava, desesperada, aconselhou a seu filho com quem se casara: "Esquece isso! Para que dar ouvido a tanto palavrório sem sentido? Esquece isso!"[129] Édipo, ao contrário, por ter tido coragem de olhar de frente para sua própria tragédia, conquistou *a vida eterna*. Poderíamos então falar de um sujeito, não no sentido moderno de um sujeito autônomo, mas daquele que se sujeita a seu destino?

A presença destas personagens tão apagadas nas duas famílias malditas, quer dizer, Ismênia e Crisotêmis, sugere um alerta contra a covardia humana. A mediocridade seria, portanto, uma escolha possível, que em si não solucionaria nenhuma *hamartia*, nem tampouco evitaria o sofrimento, mas, ainda assim, uma escolha. Isto nos faz pensar mais uma vez nas três Moiras. Estaria o destino de um homem pré-traçado pelos deuses, ou já haveria um germe da noção de livre-arbítrio entre os antigos gregos?

---

127. Apolodoro. *Epítome*, II: 15.
128. Sófocles. *Electra*: 334-340.
129. Sófocles. *Édipo Rei*: 1.247-1.248.

13 A sombra de Atena

Se esse foi o caminho humano da purgação da *hamartia* de Zeus, vejamos agora como se deu, segundo nossa hipótese, a purificação do lado divino, pela descendência de Belo, onde os personagens fundamentais da redenção são heróis, com genética divina misturada à humana. Após expulsar seu irmão Agenor, Belo casou-se com Anquinoe, filha do Rio Nilo e teve dois filhos gêmeos, Egito e Dânao. Estes não tardaram a entrar em conflito e Egito acabou por expulsar seu irmão do norte da África. Dânao se exilou nas Argólida e tomou o poder da cidade de Argos, *pólis* dedicada a Hera, portanto um território feminino.

Mais uma vez, o conflito entre os dois gêmeos nos faz questionar qual a querela em questão, qual processo de limpeza *cármica* familiar está em jogo? Tudo nos encaminha a pensar em Io e na *hamartia* de Zeus.

Egito tinha cinquenta filhos e Dânao, cinquenta filhas. Buscando uma reconciliação, os filhos de Egito foram até o Peloponeso propondo se casarem com suas primas. Dânao concedeu que as bodas se realizassem, mas orientou suas filhas para que matassem seus esposos na noite de núpcias. Isto é, estamos diante de um pai castrador, que impede suas filhas de terem uma vida sexual em paz, envolvendo-as em seus problemas sentimentais particulares. Por conta de seus crimes, as Danaides, as filhas de Dânao, foram condenadas ao Tártaro[130]. Apenas uma dentre elas, Hipermnestra, salvou seu esposo, Linceu. Deles nasceu Abas, que foi pai de dois outros gêmeos, Acrísio e Preto.

Herdeiros de tantos conflitos, os gêmeos já começaram a se digladiar no útero da mãe. Quando Abas morreu, eles entraram em disputa pela posse do reino de seu pai. Acrísio acabou por expulsar Preto da Argólida, mas Preto empreendeu uma guerra contra seu irmão e Acrísio teve que dividir seu reino ao meio, ficando com Argos, enquanto Preto ficava com Tirinto. Mas aconteceu que as duas filhas de Preto ficaram loucas, quer por se recusarem a cultuar Dioniso, quer por tratarem de forma desrespeitosa uma imagem de Hera[131]. Mais uma vez se percebe a ligação entre Dioniso e Hera no campo da loucura. Para curar suas filhas da insanidade, Preto teve de dar a maior parte de seu reino para Melampo e Bias, seus futuros genros, ficando apenas com um terço de suas terras.

Acrísio casou-se com Eurídice e foi pai de Dânae. Um dia ele foi consultar o oráculo, pois desejava ter um filho. Como de hábito, o oráculo não respondeu ao que se indagava, mas avisou a Acrísio que o filho de Dânae o mataria. Acrísio então encerrou sua filha em uma câmara de bronze subterrânea para evitar que esta tivesse relação sexual com qualquer homem.

Mais uma vez nos deparamos com o tema do pai castrador, o feminino impedido de ter prazer. Também não parece gratuito o fato de a filha de Acrísio ter o seu nome derivado do de seu bisavô Dânao, também um pai castrador.

Contudo, as placas de bronze não puderam impedir que uma poeira de ouro as atravessasse. Como a chuva fecunda o solo e faz

---

130. Apolodoro. *Biblioteca*, II, i: 5. • Horácio. *Odes*, XI: 25-32.
131. Apolodoro. *Biblioteca*, II, ii: 1-2.

brotar a semente enterrada, Zeus fecundou Dânae escondida embaixo da terra. Quando soube do nascimento de seu neto e futuro assassino, Acrísio encerrou Dânae e o pequeno Perseu em uma caixa de madeira lançada ao mar[132].

Digno de nota é a passagem de uma câmara de metal dentro da terra para uma caixa de madeira flutuando na superfície do mar, a passagem de um útero terreno de bronze, fecundado pelo ouro metal, para um outro de madeira-matéria, grávido para o seu segundo nascimento, boiando num líquido amniótico marinho. Mas estes estranhos úteros, se é que podemos fazer esta associação, abrigavam também a própria mãe, isto é, seriam simbolicamente úteros da Grande Mãe. O fato de Perseu ter sido exposto juntamente com sua mãe denota uma ligação profunda dele com o universo feminino e materno.

A caixa fabulosa contendo Dânae e Perseu acabou chegando na Ilha de Sérifo, onde foram acolhidos por Díctis. Este era subjugado por seu irmão Polidectes, o tirano que reinava na ilha e que o mantinha na miséria como um pobre pescador.

Polidectes desejou possuir Dânae, mas Perseu não deixou. Desta vez a repressão não vinha do pai sobre a filha, como com Dânao e com Acrísio, mas do filho sobre a mãe. Chama a atenção que Díctis não tenha se engraçado pela bela Dânae, que morava sobre o mesmo teto que ele. Poderia se pensar que Perseu tivesse se colocado no meio do leito dos dois. Contudo Pausânias dá a entender que Díctis já era casado, ao narrar que na estrada de Micenas para Argos havia um pequeno santuário em honra a Perseu, onde havia um altar dedicado a Díctis e Clímene, "que eram chamados os salvadores de Perseu"[133]. Em todo caso, ao que se sabe,

---

132. Ibid., II, iv: 1-2.
133. Pausânias, II, 18: 1.

O livro grego de Jó

a única relação sexual que a pobre Dânae teve durante toda a sua vida foi com uma poeira de ouro.

Como em toda história de herói, chega um momento em que ele é acometido de *hybris*, da desmesura, da descortesia, da falta de medida, e comete a *hamartia*. Numa festa onde todos os convivas ofereceram um cavalo para Polidectes, Perseu ofereceu a cabeça de Medusa[134]. Talvez pudéssemos supor que o que ele estaria oferecendo a Polidectes era Pégaso, o cavalo alado que saiu da cabeça degolada da Górgona.

Resumindo a história, Perseu, com a ajuda de Atena e Hermes, acabou por matar o monstro que transformava em estátuas de pedra todos aqueles que fitavam seus olhos. Após degolar o monstro, curiosamente Perseu assumiu a função de Górgona, passando a petrificar seus inimigos, expondo-lhes a cabeça de Medusa da qual se apossou. Assim viraram pedra o monstro de Andrômeda, Cefeu, Cassiopeia e o exército de Fineu, Polidectes e sua corte.

Também não pode passar desapercebido o fato de o herói ter nascido debaixo da terra. Isto nos faz pensar na hipótese de Altheim, citada por Vernant, de que Hades e Perseu seriam o mesmo deus, ou melhor, que Perseu seria uma hierofania de Plutão[135]. Ora, Plutão era aquele que havia raptado Perséfone, que obrigara a filha da deusa da terra a permanecer dentro do ventre de Geia. Uma hierofania deste deus numa família responsável pela purificação da *hamartia* de Cronos com sua mãe parece bastante emblemático.

A etimologia do nome Perseu não é clara. Altheim vê a origem do nome no etrusco Phersu (máscara), que deu origem à palavra *persona* em latim. Desta forma ele aproxima o nome de Per-

---

134. Apolodoro. *Biblioteca*, II, iv: 1-2.
135. Vernant, 1988: 64.

seu ao de Perséfone, a grande senhora do reino de Hades[136]. Chantraine, citado por Brandão, vê a origem do nome no verbo grego πέθειν, que significa destruir, devastar[137]. Carnoy, também citado por Brandão, deriva o nome da raiz *bherēk*, brilhar, entendendo que Perseu significaria "o Sol nascente", isto é, aquele que vem das trevas[138]. O que chama a atenção é que, em todas as hipóteses que se fazem sobre a origem etimológica do nome do herói, sempre há alguma relação, direta ou indireta, com o mundo do além.

Após matar seus inimigos, Perseu entregou a cabeça de Medusa para Atena, que a colocou em seu escudo[139]. Vernant entende a petrificação causada pelo olhar da Medusa como uma representação simbólica da psicose, um domínio de Hera[140]. Levando em conta esta associação, fica curioso pensarmos no destino da cabeça da Górgona. Atena foi a responsável pela loucura de Ájax, mas normalmente ela pouca relação tem com a psicose. Será que Perseu, cortando a cabeça da Medusa e a entregando para ornar o escudo da Paladina, estaria trazendo a loucura de Hera de volta à razão?

Como diz Campbell: "Não há um sistema definitivo de interpretação dos mitos e jamais haverá algo parecido com isso"[141]. Todo mito certamente é polissêmico, permitindo diversas interpretações, cada uma visando a amplificação do entendimento deste material simbólico.

Interessante lembrar a ideia de Slater, citada por Boechat, "que vê a decapitação da Medusa como uma elaboração da cena primal pela *castração da mãe*, ao contrário do episódio da castra-

---

136. Ibid.: 62.

137. Brandão, 1992: 268.

138. Ibid., 1987: 73.

139. Apolodoro. *Biblioteca*, II, iv: 3-4.

140. Vernant, 1988: 37.

141. Campbel, 2007: 367.

ção de Urano por Cronos"[142]. Esta hipótese sobre a histerectomia do Arquétipo da Mãe Terrível nos remete mais uma vez à nossa hipótese de que os descendentes de Io elaboravam em seus trajetos de vida e com seus sofrimentos a *hamartia* dos deuses, enfim, que os homens fossem o palco onde os deuses poderiam evoluir.

De forma semelhante a Cronos, que devorava seus filhos para os manter em seu ventre, os filhos de Medusa viviam dentro dela até o momento de sua morte, quando foram paridos através do pescoço decepado. Assim como Pégaso e Crisaor saíram de dentro da cabeça da Górgona[143], Atena também nasceu de dentro da cabeça de Zeus. Além disso, os dois filhos do monstro foram gerados por Posídon em uma relação sexual dentro do templo da sempre virginal donzela de Zeus[144]. Outra versão relata que Medusa havia sido uma bela mulher que se arrogara ser mais bela que Atena, razão do porquê fora transformada em uma aberração pela deusa[145]. Isto nos leva a crer que Medusa fosse a sombra de Atena (a loucura, a depravação sexual). Assim sendo, a cabeça da Medusa colocada no escudo da Paladina significaria simbolicamente o processo de integração da sombra. Isto é, a sombra integrada não seria mais uma ameaça, mas antes uma proteção, um escudo, como nos ensina Jung.

Vale a pena lembrar o mito segundo o qual Atena deu para Asclépio, o deus da medicina, o sangue da cabeça de Medusa, sendo que o sangue proveniente da jugular esquerda causava a morte, enquanto o da jugular direita dava a vida[146], mostrando as duas possibilidades do desenvolvimento do sombrio.

---

142. Boechat, 2008: 85.
143. Apolodoro. *Biblioteca*, II, iv: 2-3.
144. Ovídio. *Metamorfose*, IV: 780.
145. Apolodoro. *Biblioteca*, II, iv: 3-4.
146. Ibid., III, x: 3.

14 O herói individuado?

Depois de derrotar aquele monstro feminino com serpentes na cabeça, Perseu conquistou a mão de Andrômeda, petrificando o monstro que a queria devorar e mais diversas outras pessoas. Após seus grandes feitos, Perseu voltou à Ilha de Sérifo para resgatar sua mãe e levou Dânae, junto com sua esposa, de volta para Argos, o que reforça a ideia de uma fixação de Perseu à figura materna.

Ao ver Perseu de novo na Argólida, terra dedicada a Hera, uma figura materna um tanto conturbada, Acrísio fugiu, pois pesava sobre ele, como dissemos acima, um oráculo que afirmava que ele ia ser morto por seu neto. Perseu, a princípio, não tinha qualquer intenção de vingança contra aquele que o lançou dentro de uma caixa de madeira para morrer no mar. Mas como Perseu era o portador da morte, o oráculo se cumpriu em um acidente durante uns jogos funerários, onde Acrísio compareceu para prestar honra ao defunto e acabou morto por um disco lançado por seu neto, que foi desviado pelo vento com um destino certo.

Após a morte de seu avô, Perseu sentiu-se angustiado por ter matado aquela figura paterna perversa, e não quis continuar em Argos, reino que lhe era de direito por herança materna. Propôs então a troca desta *polis* por Tirinto, reino de seu primo, filho de

O livro grego de Jó

Preto[147]. Como dissemos anteriormente, por causa da loucura de suas filhas, Preto tivera que dar dois terços de seu reino para seus genros Melampo e Bias. Assim sendo, Perseu trocou o grande reino de Argos por um terço de suas terras.

Perseu fundou as cidades de Micenas e Midea[148], o que já é motivo de orgulho. Mas ao vê-lo fazendo uma troca na qual sai perdendo, para se refugiar dentro das enormes muralhas de Tirinto, construídas pelos Ciclopes, por culpa de um crime doloso contra seu malvado avô, fica difícil aceitarmos que o mito do herói simbolize o processo de individuação. Se quisermos fazer um paralelo com as teorias junguianas, os grandes feitos de Perseu estariam mais de acordo com o desenvolvimento do ego na primeira metade da vida do que com o processo de individuação.

A segunda metade da vida do herói não parece muito gloriosa. Assim também ocorreu com vários outros heróis: Jasão morreu em desgraça[149], Teseu teve de passar um tempo preso nos infernos, para depois amargar a culpa pela morte de seu filho Hipólito[150]; Belerofonte morreu coxo e solitário após, vaidoso com as vitórias que alcançara, ter tentado subir ao Olimpo por conta própria[151]. Nada muito condizente com seres individuados.

Complicado pensar na individuação de Perseu, principalmente se lembrarmos do último episódio mítico relacionado a este personagem. Assim como Penteu, que encontrou a morte nas mãos de sua própria mãe enlouquecida no êxtase dionisíaco, Perseu também impediu a entrada de Dioniso em seu reino. Só que desta

---

147. Ibid, II, iv: 2-5.

148. Ibid., II, iv. 5.

149. Diodoro Sículo, IV: 54, apud Graves, 2008: 709.

150. Apolodoro. *Epitome*, I: 24. • Eurípedes. *Hipólito*: 1.585-1.662.

151. Tzetzes. Sobre Licofrone: 838, apud Graves, 2008: 302.

vez não foi Perseu quem morreu estraçalhado. Fugindo da perseguição, foi Dioniso quem acabou por se afogar no Lago de Lerna[152], o mesmo lago por onde ele desceu aos infernos para resgatar a alma de sua mãe. Como pode estar individuado alguém que mata Dioniso, uma porção tão fundamental do *Self*? O que percebemos é que, mais uma vez, Perseu aparece como agente da morte, não da individuação.

Interessante lembrarmos do diagrama de Vernant sobre os eixos das alteridades. Estudando os três deuses mascarados, Ártemis, Dioniso e Medusa, o autor formula a hipótese de eles representarem diversas formas de alteridade. Para tornar mais claro seu raciocínio, idealizou dois eixos ortogonais. Ártemis ocuparia o eixo das abscissas, na horizontalidade, separando o civilizado do selvagem, do outro que não faz parte de minha cultura. Dioniso se situaria no eixo das ordenadas como um vetor orientado para cima, isto é, mesmo levando seu iniciado até as profundezas de sua angústia, o objetivo de Baco seria elevar o espírito do homem e fazê-lo perceber o *Self escondido pela persona*, o outro que sou eu mesmo. Por fim, Medusa estaria no mesmo eixo que Dioniso, mas com seu vetor para baixo, petrificando a consciência nas trevas, "em vez do homem outro, o outro do homem" – a alteridade radical, a morte em vida, o outro que toma posse de meu reino, o estado psicótico[153]. Matando tanto a Medusa quanto Dioniso, o velho Perseu, após ficar conhecido por seus atos heroicos, impedia tanto a catábase estática gorgônica quanto a anábase extática dionisíaca, isto é, não permitia nem a descida aos infernos, nem a subida para a iluminação, mantendo-se imóvel no vértice dos eixos.

---

152. Escólio à *Ilíada*, XIV: 319, apud Kérenyi, 2002: 156.
153. Vernant, 1988: 33-37.

O livro grego de Jó

Cabe aqui lembrarmos a afirmação de Heráclito de que "é o mesmo Hades e Dioniso, a quem deliram e festejam nas Leneias"[154]. Mas se Hades e Dioniso são o mesmo deus e Perseu é um avatar de Plutão, a história fica mais estranha ainda e o personagem de Perseu mais sombrio. Participando da mesma essência, Perseu teria então matado o numinoso dentro de si mesmo! Onde está a individuação? Os mitos gregos parecem ir em outra direção. O objetivo do herói grego não era individuar-se, mais servir ao coletivo, como etapa no processo de limpeza "cármica" familiar.

---

154. Heráclito. Frag. 15.

15 A glória da deusa

O processo de purificação da *hamartia* de Zeus (o pai de Perseu) com Hera e de Cronos com Geia teria seu ápice com o bisneto de Perseu. Anfitrião era casado com sua prima Alcmena, ambos descendentes diretos do herói que nascera de uma chuva de ouro. Anfitrião havia sido o responsável pela morte de seu sogro, quer por acidente[155], quer num acesso de raiva[156]. Banido por seu tio Estênelo, Anfitrião exilou-se em Tebas! Creonte, o irmão de Jocasta, que então reinava sob a cidade das sete portas, purificou-o do miasma espiritual que pesava sobre ele por causa do assassinato.

Alcmena recusava a se deitar com seu esposo antes que ele vingasse a morte de seus irmãos, trucidados em uma incursão que fizeram para recuperar um gado que havia sido roubado de seu pai. Por conta disso Anfitrião deixou sua mulher em Tebas e se ausentou por um tempo. Aproveitando a ocasião, Zeus, disfarçado com as feições de seu marido, apareceu para Alcmena, contando os feitos de sua vitória e desvirginou a fiel esposa de Anfitrião. Zeus caprichou desta vez, prolongando três vezes o tempo desta noite[157]. Parece que, naquela noite triplicada em Tebas, ele tinha a

---

155. Apolodoro. *Biblioteca*, II, iv: 6.
156. Hesíodo. *Escudo de Héracles*: 10-11.
157. Apolodoro. *Biblioteca*, II, iv: 8.

deliberada intenção de fazer um filho capaz de enfrentar uma grande tarefa, alguém capaz de "defender contra a destruição os deuses e os homens que comem pão"[158].

No dia seguinte, ou melhor, quando o Sol por fim se levantou, Anfitrião voltou de sua campanha e estranhou que sua esposa já conhecesse as histórias que ele, orgulhoso, tinha para lhe contar. Consultando o adivinho Tirésias, soube que Zeus o havia precedido[159]. Por conta disso, depois de sua noite de núpcias, Anfitrião nunca mais procurou sua esposa[160]. Mais uma vez vemos o tema da repressão da sexualidade feminina, agora não por causa de um pai repressor ou de um filho possessivo, mas por obra de Zeus. Por conta da noite de núpcias dobrada, Alcmena ficou grávida de gêmeos de pais diferentes: Íficles, filho de Anfitrião, e Alcides, filho de Zeus[161].

Quando Alcmena estava prestes a dar à luz os gêmeos que trazia na barriga, um filho do senhor do Olimpo e o outro de seu esposo humano, Zeus vangloriou-se entre os deuses de que naquele dia ia nascer um descendente de Perseu que reinaria sobre Micenas e sua vizinhança, isto é, sobre toda a Argólida, terra dedicada à esposa de Zeus e que fora o palco do drama erótico de Io, como já dissemos acima. Hera já tivera que aceitar que Argos, o filho de Níobe, a argiva, reinasse sobre suas terras. Agora Zeus desejava impor-lhe um descendente de Io, a sacerdotisa de Hera, querendo banalizar o crime que pesava em suas costas.

Imediatamente Hera persuadiu sua filha Ilítia, deusa responsável pelos partos, a que atrasasse a saída dos fetos de Alcmena e que acelerasse os trabalhos de Nicipe, grávida de sete meses.

---

158. Hesíodo. *O escudo de Héracles*: 28-29.

159. Apolodoro. *Biblioteca*, II, iv: 7-8.

160. Higino. *Fábulas*: 29.

161. Apolodoro. *Biblioteca*, II, iv: 9.

Assim sendo Euristeu, filho de Estênelo e, portanto, neto de Perseu, nasceu prematuro antes de Alcides, o bisneto do matador da Medusa. Ovídio nos ofereceu uma deliciosa descrição dos artifícios de que Ilítia se servia para obstruir o colo uterino da parturiente e do subterfúgio que a aia de Alcmena usou para enganar a deusa e permitir que sua senhora desse à luz[162].

Por sua vez, Homero descreveu o espanto de Zeus ao saber que havia sido ludibriado por sua esposa e que Euristeu fora quem recebera a bênção que ele havia proferido no Olimpo, pensando no filho de Alcmena:

> Dor muito aguda Zeus na alma sentiu, ao ouvir a notícia. Súbito a Culpa aferrou pela fronte as tranças macias, e num momento de cólera jura solene profere de jamais no alto céu estrelado e no Olimpo entraria de novo a Culpa, que a mente dos homens e deuses transtorna. Rodopiando-a com força, depois de jurar, atirou-a do alto do Olimpo, e ela veio a cair entre os homens industres[163].

Mas, afinal, de que *Culpa* Homero está falando? Que falta tão grave teria cometido Zeus para querer se ver livre da *Culpa*? Não consta que trair sua esposa fosse para ele motivo de consternação. O que dá a entender do texto de Homero é que Zeus teria fecundado Alcmena e desejado que seu herdeiro reinasse sobre toda a Argólida, por causa de uma *Culpa* que lhe afligia. Para não sentir mais esta *Culpa* que pesava em suas costas, Zeus arremessou-a entre os humanos para que nós a purgássemos! Isto é, mais uma vez os textos clássicos fazem-nos crer que nosso sofrimento

---

162. Ovídio. *Metamorfoses*, XI: 292-315.
163. Homero. *Ilíada*, XIX: 126-131.

O livro grego de Jó 93

teria como função purificar o divino, pagar aquilo que eles deviam, livrá-los de suas culpas.

Segundo a nossa hipótese, a culpa que pesava sobre Zeus era a de ter desrespeitado o espaço sagrado de sua esposa, violentando Io, uma sacerdotisa de Hera. E como a senhora do Olimpo era uma herdeira direta de Geia, simbolicamente, o crime de Zeus com Hera representaria a traição de Cronos com Geia, como comentamos acima.

Toda a existência do filho de Alcmena, o purgador da *hamartia* de Zeus com o feminino, está ligada à senhora do Olimpo, desde sua vida fetal, como comentamos acima. A deusa das uniões legítimas sempre perseguiu o pobre Alcides. Quando o filho bastardo de Zeus tinha oito meses, ela colocou duas serpentes venenosas em seu berço para que o matassem. A criança prodígio estrangulou os dois répteis sem maiores dificuldades[164]. O pior ainda estava por vir. Quando Alcides já era adulto, Hera usou contra ele a sua principal arma, enlouquecendo-o. Por conta de seus delírios, Alcides matou os filhos que tivera com Mégara, filha do Rei Creonte (tio de Édipo), e dois de seus sobrinhos, filhos de seu irmão gêmeo Íficles, lançando-os em uma fogueira.

Após ter sido purificado, Alcides foi até o oráculo de Delfos para saber para onde deveria ir. A pitonisa, possuída pelo deus Apolo, disse que ele deveria servir seu tio Euristeu por um prazo de doze anos. Este reinava sobre toda a Argólida, como professara Zeus. Seu pai, que expulsara Anfitrião de Tirinto, reunira todas as terras do nordeste do Peloponeso sob seu poder. Foi em Delfos que Apolo deu ao herói filho de Alcmena o nome de Héracles, a glória de Hera[165]. O fato de receber um novo nome indica um processo de iniciação.

---

164. Apolodoro. *Biblioteca*, II, iv: 8.

165. Ibid., II, iv: 12.

Doze trabalhos, humanamente impossíveis de serem realizados, impôs Euristeu a seu sobrinho, seguindo as prescrições de Hera. Um deles era em Lerna, local onde Dioniso se afogara. Foi ali que o herói matou a Hidra que tomava conta do portal do inferno.

Depois de muitas outras aventuras, Héracles encontrou sua morte por causa de uma mulher. Por um enredo bastante complexo, que levaria muito tempo para narrar sem grandes proveitos para nossa proposta, Dejanira enviou para Héracles, com quem estava casada, um manto envenenado que queimou as suas carnes[166]. Como Dejanira era a esposa de Héracles, isto coloca seu ato no domínio de Hera, deusa dos casamentos legítimos. Por conta das dores excruciantes que sentia, Héracles preferiu se lançar sobre uma fogueira para morrer. Seu drama começara quando ele arremessou seus filhos e seus sobrinhos no fogo. Seu fim também foi dentro das labaredas.

Após sua morte Héracles foi recebido no Olimpo, sem que Hera colocasse qualquer contratempo. Ali o descendente de Io recebeu em casamento Hebe, a deusa da juventude eterna. Esta era filha de Zeus com Hera. Isto é, através do sofrimento humano, a maldição dos deuses pôde enfim ser perdoada, e a *Culpa*, que a mente dos homens e dos deuses transtornava, nunca mais no céu estrelado e no Olimpo entrou.

---

166. Eurípedes. *As tarquínias.*

Parte II
O controle de qualidade de Deus

> *E o Filho de Deus morreu, e é isto fidedigno por ser absurdo. E sepulto, ressuscitou; isto é certo porque é impossível.*
> Jung

1 O bode expiatório

René Girard afirmava que todo mito decorreria de uma tentativa humana de intervir no mistério insondável que nos cerca por meio do mecanismo do bode expiatório. Segundo o autor, nossos antepassados, diante de uma calamidade, haviam escolhido uma vítima, com certos sinais estigmatizantes, para imputar-lhe toda a culpa pelo malefício que os afligia. Uma vez que ela era culpada, era também a única que, através do seu sacrifício, podia solucionar o problema, pagar o ônus espiritual devido. Este pensamento teria alçado a vítima do *status* de culpada para o de divindade intercessora, que permitiria ao homem o acesso às esferas superiores. Este poder de intervenção frente ao numinoso é que a teria divinizado e transformado sua história em mito.

Em seu *Ramo de ouro*, Frazer defendeu uma curiosa hipótese sobre a origem da prática do sacrifício do bode expiatório como "veículo visível e concreto para levar o mal para longe"[1]. Constatou que, em várias culturas, os homens e os animais sagrados eram imolados à medida que envelheciam, como um modo de salvar sua vida divina do enfraquecimento resultante da velhice, sendo substituído por alguém mais novo. Por outro lado, havia o hábito de anualmente se fazer rituais purificadores para expurgar os

---

1. Frazer, 1978: 177.

males e os pecados da comunidade. A associação destes dois costumes teria resultado na crença do deus que morre como bode expiatório "para tomar sobre si e levar consigo os pecados e sofrimentos do povo".

> Originalmente, ele não era morto para eliminar o pecado, mas para salvar a vida divina da degeneração da idade. Mas, já que ele tinha de ser morto de qualquer modo, pode ter surgido a ideia de aproveitar a oportunidade para lançar sobre ele o peso dos sofrimentos e dos pecados do povo para que ele os pudesse levar consigo para o mundo desconhecido do além-túmulo[2].

Por outro lado, a culpa pelo assassinato do bode expiatório também era coletiva. Isto é, seu sacrifício era ao mesmo tempo causa de culpa e forma de purgá-la, retirando seu peso do coletivo para colocá-lo sobre a vítima. O cristianismo teria levado esta contradição ao extremo, colocando a morte do Filho de Deus tanto como a salvação universal quanto como o pecado que pesaria sobre toda a humanidade.

Tendo definido mito como um subterfúgio que os homens criaram para sublimar a culpa do sacrifício coletivo, Girard entendia que o cristianismo não poderia ser considerado um mito, visto que denunciava exatamente o mecanismo da criação mítica, colocando o Filho de Deus como bode expiatório.

De forma um tanto semelhante a Girard, Freud dizia que a religião era um vestígio neurótico da história de humanidade. As ideias religiosas teriam se formado a partir da necessidade de o homem se defender contra as potências da natureza. A esta função primeira teria se acrescido uma outra, a de controlar socialmente os homens, impondo-lhes padrões morais. Por outro lado,

---

2. Ibid., 1978: 178-179.

as divindades teriam surgido como projeções da figura paterna. Segundo sua teoria, em tempos pretéritos, os homens haviam assassinado seu pai e, por conta do Complexo de Édipo, para aliviar a culpa de seus crimes, haviam transformado aquele pai primitivo assassinado em um deus. Com esta forma de sublimação da culpa do parricídio, sendo o pai morto alçado ao nível do divino, os assassinos se propuseram de agora em diante a obedecer a ordem paterna, como, por exemplo, o mandamento de não matar. Deus, portanto, seria uma superação do pai, a necessidade de uma instância protetora, a "nostalgia do pai". O monoteísmo judaico, condensando os atributos divinos, teria revelado de forma mais clara o nódulo paternal oculto atrás de toda imagem divina. A religião seria assim a neurose obsessiva da humanidade. O efeito positivo de uma religião, além da contenção moral da conduta humana, dar-se-ia por meio do deslocamento da neurose pessoal para a coletiva, o que pouparia o neurótico do trabalho de elaborar sua própria neurose. Crendo que não houvesse nenhuma instância acima da razão, Freud propunha o tratamento psicanalítico, visando substituir os ganhos alcançados com a repressão pelos benefícios de um trabalho mental racional[3].

Para Jung, ao contrário, as religiões, muito mais do que meras "relíquias neuróticas", seriam formas que o homem se utiliza para trabalhar o seu material arquetípico, criando símbolos para falar do inefável, do indizível, daquilo que não pode ser expresso em palavras. Assim sendo, a religião, além das indiscutíveis manifestações neuróticas vinculadas a ela, que podem bem ser evidenciadas ao logo da história, teria um potencial curativo intrínseco por ser um campo de trabalho de imagens arquetípicas, não ape-

---

3. Freud, 1973: 2.962-2.992.

nas por servir para um deslocamento da neurose pessoal para a coletiva, como queria Freud.

Ao contrário de Freud, que estruturou toda sua teoria em cima dos mitos de Édipo e Narciso, Jung fez um mergulho profundo nas mitologias das mais diversas culturas por acreditar que ali estava uma das chaves para o inconsciente, uma manifestação da essência da alma. O mito não seria desta forma uma fantasia, mas sim um veículo de uma verdade psíquica que tenderia ao universal. Enquanto o relato histórico científico é sempre apenas uma versão dos fatos, um mito carregaria a verdade simbólica em si, sem qualquer versão ou foco de perspectiva. Todas as versões e perspectivas estariam contidas nele, podendo ser lido das mais diversas formas. Divergindo de Girard, Jung afirmava que dizer que "a vida de Cristo seja um mito, nada depõe contra sua realidade, é o caráter mítico de uma vida que exprime justamente o seu valor humano universal"[4]. Afinal, "que sentido terá uma religião sem mito, se sua função [...] é precisamente a de nos ligar ao mito eterno?"[5]

---

4. Jung, vol. 11/4, § 648.
5. Ibid., § 647.

2 Os "filhos de Deus"

Filho de um pastor que perdeu sua fé e não teve coragem de abandonar seu emprego, continuando a pregar coisas que nem acreditava mais, Jung ousou questionar livremente os dogmas cristãos, colocando em foco alguns problemas delicados desta fé. Um de seus estudos mais ácidos foi aquele que o sábio suíço fez sobre o Livro de Jó. Na busca de entender a crueldade de um Deus que exigia o sacrifício de seu próprio Filho, Jung propôs uma curiosa alternativa à história oficial do mito da crucificação no Gólgota. Tudo teria começado, segundo ele, com a história da provação de Jó, "um marco na evolução do drama divino"[6].

Este pobre senhor, segundo conta o Antigo Testamento, era um fiel servidor de Iahweh, dos trovões. Ele vivia na terra de Hus, onde era "o mais rico de todos os homens do Oriente"[7]. Mas parece que não bastou seu esforço para evitar o mal, pois o mal veio ao seu encontro numa, segundo Mazzarolo, "assembleia democrática".

Em um dia em que os "filhos de Deus" se apresentaram frente a Iahweh, dentre eles se encontrava Satanás, que acabara de dar uma volta pela terra, "andando a esmo". Iahweh perguntou a Satanás se ele havia reparado em seu servo Jó, "um homem íntegro e

---

6. Ibid., § 560.
7. Jó 1,1-3.

reto, que teme a Deus e se afasta do mal". Satanás então contestou: "É por nada que Jó teme a Deus?" Alegava que ele era fiel unicamente porque Deus o protegia, fazendo-o rico e próspero. "Mas estende tua mão e toca nos seus bens; eu te garanto que te lançará maldições em teu rosto". Diante do desafio de Satanás, Iahweh permitiu que este seu "filho" fizesse o que bem entendesse com os bens de Jó, mas que não estendesse sua mão contra ele. "E Satanás saiu da presença de Iahweh"[8].

Desta forma, ladrões roubaram os bois de Jó e mataram seus servos, um raio exterminou no fogo seu rebanho de ovelhas e os pastores que tomavam conta delas, bandidos levaram seus camelos e degolaram seus escravos, um furacão fez desabar a casa onde estavam reunidos seus sete filhos e suas três filhas, matando a todos. Tudo isto em um só dia.

> Então Jó se levantou, rasgou seu manto, raspou sua cabeça, caiu por terra, inclinou-se no chão e disse: "Nu saí do ventre de minha mãe e nu voltarei para lá. Iahweh o deu, Iahweh o tirou, bendito seja o nome de Iahweh"[9].

Não bastando todo este sofrimento, "num outro dia em que os filhos de Deus vieram se apresentar novamente a Iahweh, entre eles veio também Satanás". E a cena se repetiu, Iahweh gabando-se da fidelidade de seu servo e Satanás apostando com Deus que se Jó caísse doente ele não ia resistir e blasfemaria.

E Iahweh, que havia proibido que Satanás levantasse sua mão contra Jó, cede um pouco mais, aceitando a aposta: "Seja!" – disse Iahweh a Satanás –, "faze o que quiseres com ele, mas poupa-lhe a vida".

---

8. Jó 1,6-12.
9. Jó 1,20-21.

Ele feriu Jó com chagas malignas desde a planta dos pés até o cume da cabeça. Então Jó apanhou um caco de cerâmica para se coçar e sentou-se no meio da cinza. Sua mulher disse-lhe: "Persistes ainda em tua integridade? Amaldiçoa a Deus e morre de uma vez!" Ele respondeu: "Falas como uma idiota: **se recebemos de Deus os bens, não deveríamos receber também os males?**"[10]

---

10. Jó 2,1-10 – grifos nossos.

3 O Ser dialógico

Jung mostra-se indignado com a atitude de Iahweh, chamando-a mesmo de maldade e selvageria que nada encobre[11]. Aponta para a facilidade com que Iahweh deixou-se influenciar, sem nenhum motivo, por um de seus filhos, por um pensamento de dúvida, mostrando-se inseguro[12]. Mesmo estando convencido da fidelidade de Jó, Iahweh não havia hesitado em consentir que seu fiel servidor sofresse os piores tipos de tortura[13].

Estranho também é o fato de ter sido Ele quem chamou a atenção de Satanás sobre a pureza do espírito de Jó, da mesma forma que agira no Éden, quando atiçara a curiosidade de Adão e Eva "sobre a árvore do bem e do mal, para depois proibi-los de comer seus frutos"[14]. Assim como no Gênesis, Iahweh colocava sua criatura à prova. Só que desta vez não havia sido o homem que caíra em pecado, mas o próprio Iahweh quem se enredara nas artimanhas de Satanás, pois aceitou aquele desafio absurdo.

Deus colocou sua criatura mais querida de frente ao perigo do pecado da blasfêmia para provar algo que Ele, por ser oniscien-

---

11. Jung, vol. 11/4, § 561.
12. Ibid., § 579.
13. Ibid., § 622.
14. Ibid., § 579.

O livro grego de Jó

te, já deveria saber de antemão. Fez de conta que não entendia as intenções de seu filho Satanás, caindo Ele próprio nas suas armadilhas. "Diante deste quadro, como poderia esperar que o homem agisse melhor que Ele?[15]

Para Jung, o que Iahweh fez com Jó foi de uma deslealdade extrema, chegando às raias da imoralidade, como quem induzisse "crianças pequenas a praticar ações que poderiam ser-lhes perigosas, com o simples pretexto de pôr à prova sua firmeza moral"[16]. Sua disposição em abandonar Jó à ação criminosa de Satanás leva-nos a crer na sua conivência com tudo o que acontecia[17].

Mas "Jó continua acreditando mesmo quando Javé se lhe tornou infiel"[18].

Mazzarolo entende o Livro de Jó como um alerta contra a teologia das retribuições: o *aqui se faz, aqui se paga*. Segundo esta teologia, o sofrimento humano seria diretamente derivado do pecado e o sucesso e a riqueza da bênção divina. Afinal, está escrito na Bíblia que, caso o homem volte a obedecer à voz de Iahweh, pondo em prática todos os seus mandamentos, Ele derramará fartura de frutos do trabalho, do ventre, dos animais e do solo[19]. Ele, "cujos olhos estão abertos sobre todos os caminhos dos homens para retribuir a cada um segundo a sua conduta e segundo o fruto de seus atos!"[20]

O exemplo de Jó, sofrendo apesar de inocente, seria desta forma uma contestação a esta prática interesseira da bondade e esta

---

15. Ibid., § 658.
16. Ibid., § 651.
17. Ibid., § 616.
18. Ibid., § 587.
19. Dt 30,8-9.
20. Jr 32,18-19.

teoria sobre a origem da dor no mundo, mostrando que nem todos os que sofrem são culpados ou os que vivem na fartura são puros diante de Deus.

Todavia, algumas coisas não podem passar despercebidas quando lemos esta passagem do Antigo Testamento. Satanás não se apresenta no palácio de Iahweh como um adversário da ordem divina; ao contrário, aparece entre os filhos de Deus para prestar-lhe conta do que andava fazendo. "É estranho que Ele não tenha afastado sobretudo Satanás de seu círculo de relações"[21]. O *coisa ruim* se mostra mesmo obediente, em certo aspecto, pois só pôde estender suas mãos sobre Jó depois de conseguir a permissão do Senhor, isto é, ele não foi contra a vontade de Deus, nem ultrapassou os limites por Ele impostos, não tirando a vida de Jó. Atendo-se mais às palavras do livro, percebe-se que Satanás não disse: "Deixe que eu tire os seus bens e sua saúde", mas alega que se Iahweh lhe retirasse os bens e a saúde, Jó blasfemaria.

Ao que parece, é Iahweh quem se sentia inseguro em seu poderio, visto que tem que colocar à prova um servo fiel para responder a uma provocação de seu filho. Dá a impressão de que Ele queria mostrar ao *príncipe deste mundo* que havia em seu principado alguém sobre o qual ele não tinha poder. O que dá a entender é que Satanás teria uma determinada autonomia naquele reino celestial, como se no reino de Iahweh houvesse um terreno sobre o qual Ele tivesse perdido o controle, algo de certa forma independente, apesar de não inteiramente. A dor de Jó "constitui apenas uma ocasião para um confronto intradivino"[22], um instrumento para afirmar o limite desta autonomia. Isto é, o sofrimento humano estaria servindo para solucionar um dilema sobrenatural.

---

21. Jung, vol. 11/4, § 590.
22. Ibid., § 587.

O livro grego de Jó

107

Jung afirma mesmo que Iahweh não teria qualquer preocupação com os problemas de Jó, estando voltado apenas para seus próprios interesses[23]. "Ele tem diante de si um poderoso alguém que vale a pena desafiar, e não o pobre Jó"[24]. "Que vantagem tem o forte em assustar um rato?"[25] Mas, afinal, que desafio seria este entre dois poderosos senão por um terreno de poder em disputa?

Na certa, o confronto era com alguém forte o bastante para semear a dúvida no julgamento da divindade. Ou talvez não fosse a dúvida que estivesse em jogo. Para Jung, Deus duvida de Jó. Em uma nota de pé de página comenta que, na tradição persa, este padrão arquetípico se repetia, pois Ahriman, o senhor do mal, havia nascido de um pensamento de dúvida de Ahuramazda, o deus supremo[26].

Mas se Ele tinha qualquer desconfiança de Jó, Iahweh certamente não entrou na aposta para perder. Talvez, ao invés de ter dúvidas, Ele se sentisse compelido a provar algo para alguém que não obedecia inteiramente ao seu comando, sendo obrigado a sacrificar seu servo fiel. Não aceitar a aposta seria uma demonstração de fraqueza, de que Ele não confiava inteiramente em sua afirmação sobre a retidão de Jó.

Diante de toda aquela arbitrariedade, Jó não demonstrou qualquer sinal de espanto quanto à ambiguidade de Iahweh, pois apenas lamentou: "se recebemos de Deus os bens, não deveríamos receber também os males?" Isto é, para Jó, o reino de Iahweh não estava cindido e aquele outro, que trazia a desgraça, também fazia parte de seu comando, mesmo que não inteiramente. Ao que

---

23. Ibid., § 588.
24. Ibid., § 590.
25. Ibid., § 591.
26. Ibid.: 1.986/16, nota 3.

tudo indica, não havia a cisão entre o bem e o mal na concepção de divindade que o Livro de Jó quer nos ensinar. Em tudo o que acontecia, Iahweh estava por trás. "Javé não se acha dividido, mas constitui uma antinomia"[27], isto é, uma contradição entre dois princípios, um Ser dialógico.

Não ousando amaldiçoar o Criador, Jó começou então a rogar pragas contra si mesmo, amaldiçoando o dia em que nascera, desejando a morte. "Pereça o dia em que nasci, a noite em que se disse: 'Um menino foi concebido!' Esse dia, que se torne treva, que Deus do alto se ocupe dele, que sobre ele não brilhe luz!"[28] Em vez de odiar a Deus, ele odeia a si próprio, somando à maldição vinda do céu com a permissão de Iahweh, a maldição saída de sua própria boca, sendo duplamente amaldiçoado. Ele não sabia que era a única esperança de Iahweh na aposta que fizera: provar a Satanás, o pai da traição, que pelo menos aquela criatura não ia trair-lhe, apesar de Ele não lhe ser muito fiel.

---

27. Ibid., § 567.
28. Jó 3,3-4.

4 As trevas divinas

Três amigos de Jó vieram consolá-lo quando souberam do ocorrido. Sete dias ficaram ao seu lado em silêncio. E antes tivessem permanecido calados, pois, frente à insistência de Jó em se declarar inocente de qualquer culpa perante a Deus, os três "amigos" começaram a atormentar ainda mais o seu juízo. Alegavam que nenhuma criatura poderia ser inocente perante o Criador e, portanto, que admitisse logo seus erros. Quem sabe as coisas não melhoravam?

"Pode o homem ser justo diante de Deus? Um mortal ser puro diante de seu Criador? Dos próprios servos ele desconfia, até mesmo a seus anjos verbera o erro. Quanto mais aos que moram em casa de barro, cujos fundamentos se assentam no pó!"[29] – comentou Elifaz, um dos "amigos", para mais adiante continuar – "Como pode o homem ser puro ou inocente o nascido de mulher? Até em seus santos Deus não confia, e os céus não são puros aos seus olhos. Quanto menos o homem, detestável e corrompido que bebe como água a iniquidade!"[30]

---

29. Jó 4,17-19.
30. Jó 15,14-16.

Acreditando na impossibilidade de o mal provir de Deus, Elifaz coloca sua responsabilidade sobre os homens: "[...] a iniquidade não nasce do pó, e a fadiga não brota da terra. É o homem que gera a miséria"[31]. Curioso que Elifaz afirmasse que fosse o homem a causa de sua própria desgraça, quando há pouco dissera que Deus desconfiava de seus próprios santos, pois "até mesmo a seus anjos verbera o erro". Se os anjos eram errados e até o mais puro serafim não era puro o suficiente aos seus olhos, então temos que concluir que nem toda miséria vinha do homem, apesar de ainda provir da criatura, não do Criador, segundo o entendimento de Elifaz.

Lendo suas palavras, podemos entender que ele não concordava com a visão de Deus que Jó professava, de que o mal pudesse vir da vontade de Iahweh. Elifaz achava que aquele sofrimento todo deveria ser recebido com alegria, pois era uma correção divina, uma lição a ser aprendida com humildade. "Ditoso o homem a quem Deus corrige: não desprezes a lição de Shaddai"[32].

A ideia que Elifaz tem sobre Deus se aproximava da de Santo Agostinho. Pregava o bispo que Deus era o *Summum Bonum*, absolutamente bom e amoroso para com seus filhos. Todo o mal decorria da criatura, não do Criador. O mal físico viria do "caráter imperfeito da criatura", enquanto que o mal moral viria de um "desvio desejado da vontade". Este último, portanto, seria decorrente do livre-arbítrio que Deus dera ao homem por bondade sua. A escolha errada e o mal dela decorrente eram de única responsabilidade do homem. Para Agostinho, o mal não teria substância, sendo antes um *acidente*, uma topada que o animal deu em uma pedra física ou moral, que o aleijou, por vezes o levando à morte eterna.

---

31. Jó 5,6-7.
32. Jó 5,17.

O livro grego de Jó

Para explicar o mal, como ele havia surgido dentro da criação deste *Summum Bonum*, Agostinho formulou a noção de *privatio boni*. Para ele o "mal não é mais que a privação do bem" e "não representa nenhuma natureza". O mal seria desta forma a falta do bem, um estado negativo, um não ser; portanto, não podia pertencer ao Ser, não vinha de Deus. Nas palavras do bispo: "A causa criadora do ser de tudo quanto existe não pode ser, ao mesmo tempo, o princípio do não ser. Ser e mal se contradizem, como o ser e o não ser"[33].

Cabe aqui lembrar os pensamentos de Pseudo-Dionísio Areopagita, para quem Deus não é nem o Ser, nem o Não Ser, mas algo além, impossível de ser pensado. O Criador não poderia ser "nada do que este mundo contém e, no entanto, tem que possuir todo o necessário para explicar, ao mesmo tempo, o ser e o mundo"[34]. Portanto, o Princípio não seria o Ser, mas aquele que criou o Ser e o Não Ser. Aproximando-se da ideia do *Ein Sof* da Cabala, Pseudo afirmava que nada poderia ser dito a respeito de Deus; Ele seria a *ignorância absoluta*, as *trevas divinas*. Assim sendo, não caberia nem mesmo dizer que Ele fosse bom, pois a bondade é uma qualidade da criatura.

Por sua vez, Jung dizia que a "crença em Deus como o *Summum Bonum* é impossível para uma consciência reflexiva"[35]. A ideia de *privatio boni*, negando existência absoluta ao mal, transformaria este em uma sombra totalmente dependente da luz, atribuindo ao bem toda a existência e caráter positivos. Alegava que para a emissão de um julgamento é necessária a existência de uma oposição em termos conceituais. A um mal aparente só poderia se

---

33. Agostinho, apud *Dicionário Patrístico e de Antiguidades Cristãs*, 2002: 872.
34. Bezerra, 2009: 112.
35. Jung, vol. 11/4, § 662.

contrapor um bem igualmente aparente e um mal não substancial só poderia ser anulado por um bem igualmente não substancial. "Um existente se contrapõe a um não existente, mas nunca um bem existente pode contrapor-se a um mal não existente, pois este último é uma *contradictio in adjecto* (uma contradição nos próprios termos)". Isto geraria uma desproporcionalidade em relação ao bem existente. Dizer que mal é apenas uma *privatio boni* seria negar a antinomia bem/mal. "Como se poderia falar de um 'bem' se não existisse igualmente um 'mal'? Como falar de um 'claro' sem um 'escuro', de um 'em cima' sem um 'embaixo'?" A conclusão a que chega é a de que, "se atribuirmos um caráter substancial ao bem, devemos também atribuí-lo ao mal"[36]. Sem a vivência dos opostos não existiria a experiência da totalidade, estando vedado o acesso interior às formas sagradas[37].

Além disso, Jung não admitia um mal que não proviesse de Deus. Segundo ele, ou existiria um dualismo e a onipresença divina estaria partida, visto que Deus não estaria presente no mal, ou então os opostos estariam contidos na imagem monoteísta de Deus, como no Livro de Jó, onde aspectos moralmente opostos existem lado a lado[38].

Contudo, o argumento de Jung contra o *privatio boni* parte do pressuposto de que exista uma antinomia bem/mal, chegando assim a conclusões lógicas inevitáveis. E se ela não existisse? E se o bem e o mal fossem de uma mesma substância em graus variados de maturação?

Se pensarmos em termos físicos, o fato de estar em cima ou embaixo pressupõe sempre um ponto de referência. O frio não

---

36. Ibid., § 247.
37. Ibid., vol. XII, § 24.
38. Ibid., vol. 10/3, § 844.

existe em termos absolutos, sendo apenas uma sensação relativa. O que existe é o movimento dos átomos, desde a total imobilidade no zero absoluto, até às temperaturas inimagináveis do *big-bang*. Não há calor negativo, abaixo do zero absoluto, apenas escalas de medição que se referem a um ponto escolhido arbitrariamente, por exemplo, a temperatura de congelamento da água, considerando uma temperatura negativa aquela que estiver abaixo de $0^{\circ}C$. A escuridão tampouco é real. Nossa sensação de claro e de escuro é decorrente da presença maior ou menor de *fótons*, de ondas eletromagnéticas.

Certamente existem outras grandezas físicas que poderiam servir de comparação para um pensamento dualista. Toda esta divagação metafórica, contudo, foi apenas para demonstrar que a ideia de *Summum Bonum* e *privatio boni* não é tão impossível assim como quer Jung.

O que nos parece estranho na argumentação de Agostinho é remeter toda a ausência ao homem, sendo Deus a presença plena. Se Deus é tudo, Ele é tanto o *Summum Bonum* quanto o *privatio boni* e toda a gama intermediária entre os dois extremos. Portanto, não existiria a antinomia bem-mal, porque não existiria nem o bem nem o mal absoluto. Estes termos são sempre relativos um ao outro. O bem para um pode ser o mal para outro.

Para Jung, dizer que todo o bem procede de Deus e todo o mal procede do homem significa colocar o homem em direta oposição a seu Criador, conferindo a nós uma grandeza demoníaca. Esta identificação do homem com o mal deslocaria o lado sombrio de Deus para a humanidade, o que não se vê no Livro de Jó, onde o sombrio habita o divino[39].

---

39. Ibid., vol. 11/4, § 739.

Ao invés de valorizar o aspecto relativo do bem e do mal, Jung preferia acreditar que existissem dois princípios opostos. Lembrando que o termo "princípio" vem do latim *prius*, o que foi "antes", "no início", Jung atestava que o último princípio concebível seria Deus e todos os princípios seriam aspectos, nomes de Deus. Assim sendo, o bem e o mal, enquanto princípios de nosso juízo ético, seriam também aspectos seus[40].

---

40. Ibid., vol. 10/3, § 864.

5 A unidade de Deus

Diante da conversa *a la Summum Bonum* de seu amigo, Jó apenas respondeu:

> Instruí-me e guardarei silêncio, fazei-me ver em que me equivoquei[41].

"Acaso Deus torce o direito, ou Shaddai perverte a justiça?"[42] – provocou Baldad tentando encurralar o pobre doente em uma contradição lógica. E Jó responde:

> Sou íntegro? Eu mesmo já não sei, desprezo a existência! É por isso que digo: é a mesma coisa! Ele extermina o íntegro e o ímpio! Se uma calamidade semear morte repentina, ele se ri do desespero dos inocentes, deixa a terra em poder do ímpio e encobre o rosto, aos seus governantes: **se não for ele, quem será então?**[43]

Percebemos aqui um momento de uma dupla desistência por parte de Jó. Ele desiste de sua *persona*, deixa de querer provar para o outro que é íntegro. A segunda renúncia é a de fazer um

---

41. Jó 6,24.
42. Jó 8,3.
43. Jó 9,21-24 – grifos nossos.

julgamento moral sobre a conduta de Iahweh. Para não enlouquecer, Jó tem de abdicar de suas "pretensões de ordem moral que acredita poder ter em relação a um Deus"[44].

Afinal, como explicar a atitude deste Deus que parece que "se ri do desespero dos inocentes"? Jó começava a duvidar do conceito que sempre fizera do Senhor, pois não diferenciava sua conduta daquela dos homens comuns, entre os quais a injustiça impera. Ou Ele fazia isto deliberadamente ou se sentia compelido a deixar que outro o fizesse. A única coisa inquestionável para Jó era a existência de Iahweh, o único governante de todo o universo.

Buscando uma lógica em seu Senhor, Jó aventou a hipótese de que o seu mal e o mal do mundo pudessem proceder de Deus: "se não for ele, quem será então?" De fato, no Deuteronômio[45], Iahweh confessa que propõe tanto bênçãos quanto maldições. Também em Isaías[46], Iahweh faz uma declaração semelhante: "Eu formo a luz e crio as trevas, asseguro o bem-estar e crio a desgraça: sim eu, Iahweh, faço tudo isto".

Admitir que outro pudesse ir contra a vontade de Iahweh era algo inconcebível para o fiel Jó. Em suas cogitações trágicas, Jó chegou mesmo a pensar que o sofrimento humano fosse o lazer de Deus, que Ele estaria se divertindo com aquilo tudo: "[...] explica-me o que tens contra mim. Acaso te agrada oprimir-me [...]?"[47]

Diante do *Mysterium Tremendum* Jó não desistiu de sua condição de homem, de sua capacidade humana de refletir sobre o que acontecia, sobre a natureza paradoxal de Deus e aquele conflito aparentemente sem solução. Buscando uma lógica dentro Do

---

44. Jung, vol. 11/4, § 565.

45. Dt 30,1.

46. Is 45,7.

47. Jó 10,2-4.

O livro grego de Jó   117

Que Não Se Consegue Compreender, Jó fez um retrato do mundo, como as coisas se apresentam, lamentando a realidade que via: o ímpio continuando a viver e tornando-se mais rico à medida que envelhecia, assegurando sua descendência e seus rebanhos, sem que a vara de Deus atingisse a sua casa[48]; o pecador passando seus anos na prosperidade e descendo à sepultura em paz[49]. No dia do desastre ele era poupado. "Quem lhe reprova sua conduta e quem lhe dá a paga pelo que fez?"[50] "Por que Shaddai não marca o tempo e seus amigos não chegam a ver seus dias?"[51]

"É um soberano temível, Aquele que conserva a paz nas alturas"[52] – comentou Baldad, sem conseguir responder as questões formuladas por Jó. Mesmo não sabendo o porquê de tanta injustiça na terra, Baldad professava a fé de que havia paz nas alturas. Para o autor do Livro de Jó, o convívio entre Deus e seus filhos não era tão pacífico assim, uma vez que Satanás andava criando problemas lá por cima. Com a intenção de conservar a paz nas alturas, o soberano terrível lançou o problema que tinha nas mãos para que o homem o resolvesse, assim como Zeus, querendo livrar-se do peso de sua consciência, arremessara a Culpa do alto do Olimpo para que os homens a purgassem.

Raciocinando sobre o incognoscível, numa tentativa de o consciente enfrentar o inconsciente, Jó levantou sua voz para contestar ideias comuns em sua época, como, por exemplo, a noção de que um pecado de um ancestral pudesse ser pago por um descendente. Esta não era uma ideia apenas grega, pois também está escrito na

---

48. Jó 21,7-9.
49. Jó 21,13.
50. Jó 21,30-33.
51. Jó 24,1-2.
52. Jó 25,1.

Bíblia que "sou um Deus ciumento, puno a iniquidade dos pais sobre os filhos até a quarta geração dos que me odeiam"[53].

Jó reclamou contra o que achava ser uma injustiça: Deus não deveria punir o pecado dos pais nos filhos; afinal, que importava a um ímpio o sofrimento de sua casa depois que ele estivesse morto, quando a cota de seus meses já estivesse preenchida? Deus deveria dar ao ímpio o castigo merecido. "Que seus próprios olhos vejam sua ruína e ele mesmo beba a cólera de Shaddai!"[54]

Elifaz proferiu então uma curiosa pergunta:

> Pode um homem ser útil a Deus, quando o prudente só é útil a si mesmo? Que importa a Shaddai que sejas justo: aproveita-lhe a tua integridade?[55]

Segundo o que dá a entender do pensamento de Elifaz, ele acreditava que o homem não tinha qualquer serventia a Iahweh, a não ser causar-lhe problemas; e o fato de alguém ser justo só serviria para o proveito próprio, não interessando em nada a Deus. Mas a mensagem profunda do livro é outra: Jó tinha sim uma função fundamental para Iahweh, ele era a garantia de sua vitória. Assim como Édipo sofreu, sem saber, para purgar uma maldição divina, Jó era também, de certa forma, um instrumento da purificação da dúvida de Iahweh; ou, se não da dúvida, pelo menos era a solução de sua querela com seu filho problemático.

Analisando este mito, Jung se pergunta sobre esta necessidade que Iahweh tinha do homem. "O que o homem possui que Deus também não tenha?" Percebe que, devido a sua debilidade, Jó tem de manter sua consciência sempre aguda, numa profunda

---

53. Ex 20,5.
54. Jó 21,13-21.
55. Jó 22,2.

O livro grego de Jó   119

autorreflexão; "para poder subsistir, ele precisa manter-se sempre consciente de sua impotência em face a Deus Onipotente". Por sua vez, não se deparando com nenhum obstáculo que o levasse a hesitar, Iahweh não parece questionar sua atitude em nenhum momento da narrativa, não há qualquer indício de estar refletindo sobre o que fazia. Jung entende que esta ausência de consciência é o que caracteriza o Iahweh do Livro de Jó. "Terá Javé concebido a suspeita de que o homem possui uma luz infinitamente pequena, mas não obstante mais concentrada do que a dele?"[56]

Então Sofar, o último dos três amigos, tomou a palavra. Há uma crescente agressividade na argumentação dos três anciãos, desde a mais filosófica com Elifaz até as duras palavras de Sofar. Mazzarolo acha que este "seria o mais jovem dos três e, por isso, hierarquicamente, deixa a vez aos mais velhos"[57].

Pois este jovem ancião questionava a alegação de Jó, que se dizia inocente. Argumentava que, se Deus falasse, abrisse seus lábios para respondê-lo, revelaria os "segredos da Sabedoria, que desconcertam toda sensatez". Então todos saberiam que Iahweh pedia contas das faltas de Jó. "Acaso podes sondar a profundeza de Deus, e atingir os limites de Shaddai?"[58]

E como até a paciência de Jó tem limite, ele respondeu: "Realmente, sois a voz do povo e convosco morrerá a Sabedoria"[59].

Percebe-se neste livro uma outra advertência contra a teologia das retribuições. Nesta concepção de mundo, sendo o desgraçado fatalmente culpado diante de Deus, seria lícito que ele fosse

---

56. Jung, vol. 11/4, § 579.
57. Mazzarolo, 2002: 112.
58. Jó 11,4-7.
59. Jó 12,2.

proscrito da sociedade. Mas Jó era justo e sofria, não por um erro seu, mas como instrumento para solucionar um dilema divino. Onde estava a promessa feita por Salomão de que "Ele devolverá ao homem conforme a sua obra"?[60]

E Jó sofria não só os malefícios físicos mandados com a concordância de Iahweh, mas também com a calúnia daqueles que se diziam ser seus amigos. Reclamou seu direito à privacidade frente ao julgamento social:

> Se de fato caí em erro, meu erro só diria respeito a mim. Quereis triunfar sobre mim, lançando-me em rosto minha afronta? Pois sabei que foi Deus quem me transtornou, envolvendo-me em suas redes. [...] Ele bloqueou meu caminho e não tenho saída, encheu de trevas minhas veredas. Despojou-me de minha honra e tirou-me a coroa da cabeça[61].

Desistindo definitivamente de convencer os homens sobre a justiça de sua causa, Jó apelou direto para a Instância Superior, dizendo que preferia se dirigir direto a Shaddai, discutir com Deus[62]. "Ele pode me matar, mas não tenho outra esperança senão defender diante dele o meu caminho"[63]. – Mas, antes de se dirigir a Shaddai, Jó tomou algumas cautelas – "Faz-me apenas duas concessões, e não me esconderei de tua presença: afasta de mim tua mão e não me amedrontes com teu temor"[64].

Para designar este tipo de sentimento confesso de dependência que Jó expressa, Rudolf Otto usa a expressão "sentimento de

---

60. Pr 24,12.

61. Jó 19,4-9.

62. Jó 13,3.

63. Jó 13,15.

64. Jó 13,20-21.

O livro grego de Jó 121

criatura". Algo diferente em termos de quantidade e de qualidade de todos os sentimentos naturais de dependência. Uma espécie de sombra de um outro sentimento – o receio – que o homem vivencia frente ao "objeto fora de mim", ou melhor, frente ao terrível, ao sublime, ao numinoso[65].

Só depois de minimamente se precaver contra as consequências de invocar o numinoso é que Jó apelou aos céus por justiça:

> Tenho, desde já, uma testemunha nos céus, e um defensor nas alturas; intérprete de meus pensamentos junto a Deus, diante do qual correm as minhas lágrimas; que ele julgue um pleito entre o homem e Deus como se julga um pleito entre homens[66].

Jung considerava que talvez o que houvesse de mais elevado em Jó fosse a sua capacidade, diante de tudo o que lhe ocorria, de não colocar em dúvida a unidade de Deus. Ele parece não estranhar que aspectos aparentemente incongruentes possam viver em harmonia em um único Deus. Dentro deste *complexio oppositorum*, Jó tem a certeza de que encontrará em Deus um advogado e defensor contra o próprio Deus[67].

---

65. Otto, 2007: 41-42.
66. Jó 16,19-21.
67. Jung, vol. 11/4, § 567.

6 O numinoso

Eis que surge um novo personagem que até então não se tinha notícia, o jovem Eliú. Aparece como um prenúncio humano à entrada de Deus, pois seu discurso tem o mesmo sentido daquele que Iahweh viria afirmar por si mesmo, para botar fim àquela história toda. Como um *puer*, veio contestando todos que falaram antes dele, dizendo que de sábios eles não tinham nada, que não era a idade avançada que dava sabedoria, mas o alento de Shaddai. Por isso, convidava a todos a escutar o que ele tinha a dizer, porque também ele ia mostrar o seu conhecimento[68].

Atestou que Iahweh "indignou-se contra Jó, porque pretendia ter razão contra Deus"[69]. Isto é, Jó não teria nem o direito de reclamar e querer satisfação. Tinha que se submeter calado a ser um instrumento da vontade de Deus, pois esta era a real razão de sua existência.

Eliú começou em seguida a louvar a magnificência de Deus que tudo pode e não deve contas a ninguém, o poderio absoluto que não há teoria que explique. "Deus é grande demais para que possamos conhecer"[70].

---

68. Jó 32,8-10.
69. Jó 32,2.
70. Jó 36,26.

O livro grego de Jó

123

Continuou nesta argumentação até que surgiu Iahweh em epifania, numa manifestação incontestável de sua terrível numinosidade; segundo Otto, num dos textos "mais esquisitos de toda história da religião"[71]. Deus iniciou seu discurso humilhando Jó, que alimentava tantas esperanças em conseguir apresentar sua causa na frente de Shaddai:

> "Quem é esse que obscurece meus desígnios com palavras sem sentido?"[72] – Todas as razões que Jó tinha para se queixar eram consideradas palavras sem sentido! – "Atreves-te a anular meu julgamento, ou a condenar-me, para ficares justificado?"[73] – Afinal, quem era aquela miserável criatura para se colocar diante da potência de Deus questionando e julgando suas resoluções? – "Onde estavas, quando lancei os fundamentos da terra?"[74]

Rudolf Otto comenta que, para aqueles que estão acostumados a pensar a divindade segundo seus atributos racionais, esta demonstração de ira incontida deve soar estranho, arbitrário. Contesta, no entanto, que para "os devotos do Antigo Testamento" esta fúria irracional de Iahweh não era em nada arbitrária; ao contrário, ela seria "uma expressão natural e elemento totalmente incontrolável da própria santidade"[75].

Iahweh, exibindo aos homens a prepotência brutal do demiurgo, demonstrava não estar submetido a nenhuma lei moral, sendo

---

71. Otto, 2007: 115.
72. Jó 38,2.
73. Jó 40,8.
74. Jó 38,4.
75. Otto, 2007: 50.

uma "potência natural amoral, uma personalidade puramente fe-
nomênica, incapaz de ver as próprias costas"[76]. Esta exibição de
potência parecia não ser apenas para o homem, mas para si próprio, para convencer-se quanto a seu próprio poder intocável[77].
Em outra passagem, Jung diz que é Iahweh "quem obscurece o
próprio desígnio e não possui inteligência. Ele inverte os termos
da argumentação e acusa Jó daquilo que ele próprio está fazendo". Não permite que o homem tenha uma opinião, cogite, pense
a respeito do que está acontecendo e, principalmente, não admite
a ousadia de ter uma inteligência que Ele não possui. A tomada de
consciência de Iahweh, que se segue a este episódio de Jó, e que
terá seu cume na encarnação de Cristo, segundo Jung, não teria
se dado por um sentimento de arrependimento, mas porque paira-
va uma dúvida sobre sua onipotência[78].

Poderíamos argumentar que, se Iahweh permitiu que o justo
Jó sofresse toda aquela dor física e moral, não era por um prazer
perverso, mas sim por necessidade de se impor frente ao desafio
de seu filho rebelde; Ele não teria alternativa. O sofrimento humano era insignificantemente menos importante do que o que estava
em jogo. Mas o próprio fato de Ele não ter alternativa já colocaria
em questão o seu poder sobre tudo.

O que chama mais a atenção, entretanto, é o total desrespeito
de Iahweh por aquele que lhe servira fielmente, humilhando-o e
não lhe dando nem direito de saber por que sofrera. Para Jung,
não seria por mero acaso que, no Antigo Testamento, exaltava-se

---

76. Jung, vol. 11/4, § 605.
77. Ibid., § 588.
78. Ibid., § 587.

O livro grego de Jó

tanto a justiça de Deus, pois trata-se daquela qualidade que falta a Iahweh[79]. O Profeta Jeremias parece concordar com Jung:

> Ai de mim, minha mãe, porque tu me geraste homem de disputa e homem de discórdia para toda terra! Não emprestei e nem me emprestaram, mas todos me amaldiçoam. Na verdade, Iahweh, não te servi do melhor modo possível? Não me aproximei de ti no tempo da desgraça e no tempo da tribulação? [...] Agora Tu sabes, Iahweh! Lembra-te de mim, visita-me e vinga-me de meus perseguidores. Na lentidão de tua ira, não me destruas. Reconhece que eu suporto humilhação por tua causa. Quando se apresentavam palavras tuas, eu as devorava: tuas palavras eram para mim contentamento e alegria de meu coração. Pois teu Nome era invocado sobre mim, Iahweh, Deus dos Exércitos. Nunca me assentei em um grupo de gente alegre, para me divertir. Por causa de tua mão eu me assentei sozinho, pois Tu me encheste de cólera. Por que a minha dor é contínua, e minha ferida é incurável e se recusa a ser tratada? **Tu és para mim como lago enganador, águas nas quais não se pode confiar!**[80]

Jung percebe claramente a incongruência de Iahweh, "que se comporta, de um lado, de maneira irracional, segundo o modelo das catástrofes da natureza e de fatos imprevisíveis da mesma ordem, e, de outro, quer ser amado, honrado, adorado e louvado como justo"[81].

Todavia, na preleção que se segue sobre os animais, há indícios do que parece ser um sinal de que Iahweh também não esta-

---

79. Ibid., § 678.
80. Jr 15,10-18 – grifos nossos.
81. Jung, vol. 11/4, § 604.

va tão confortável assim com a atitude que tomou. Em seu discurso soberbo, lá pelas tantas Iahweh fala sobre o avestruz, que "abandona à terra seus ovos, para que a areia os incube, sem pensar que um pé possa quebrá-los e uma fera pisoteá-los". Sua crueldade com seus filhotes, tratando-os como se não fossem seus, pouco lhe importando que "malogre sua fadiga", seria porque "Deus o privou de sabedoria e não lhe concedeu inteligência"[82].

Mas não foi exatamente esta a atitude de Iahweh, cruel com seu filhote, como se não fosse seu, não lhe importando que malograsse sua fadiga, ou que a ferocidade de Satanás o pisoteasse? Esta fala nos soa como uma projeção que Iahweh faz de sua própria culpa. Mais adiante Shaddai denuncia o crocodilo por ser orgulhoso[83], quando ele mesmo se mostrava extremamente arrogante. "Javé projeta sobre Jó um rosto de cético de que Ele próprio não gosta, porque é seu próprio rosto que Ele contempla com um olhar sinistramente crítico"[84].

A inconsciência é uma característica do animal e da natureza. Para Jung, o Iahweh do Livro de Jó era ainda totalmente inconsciente de si próprio, não tendo a percepção do que se passava em seu interior. E como inconsciente, não poderia ser moral, pois a moralidade pressupõe a consciência[85]. Todo arquétipo, enquanto fenômeno da natureza, teria um caráter moral ambivalente, ou melhor, seria totalmente desprovido de propriedades morais, "como acontece no fundo com a imagem javista de Deus, e só adquire conotação moral através do ato do conhecimento"[86].

---

82. Jó 39,13-17.
83. Jó 41,25.
84. Jung, vol. 11/4, § 591.
85. Ibid., § 574.
86. Ibid., vol. 10/3, § 845.

O livro grego de Jó

Seria justamente a vontade de adquirir esta consciência humana que Ele não possuía que, segundo a visão de Jung, teria levado Iahweh ao processo de encarnação em Cristo. "O ser só tem validade na medida em que alguém tome consciência de sua existência. Por isso o Criador necessitou da consciência humana"[87].

Diante desta manifestação de poder inquestionável do Numinoso, Jó fez sua última desistência, a de querer entender seu Senhor, abdicando de sua própria razão. Ele faz sua última renúncia, desiste de suas "pretensões de justiça"[88].

> Reconheço que tudo podes e que nenhum dos teus desígnios fica frustrado. Sou aquele que denegriu teus desígnios, com palavras sem sentido. Falei de coisas que não entendia, de maravilhas que me ultrapassam[89]. Conhecia-te só de ouvido, mas agora viram-te meus olhos[90].

A antinomia interior de Iahweh, a numinosidade divina, o semblante de Deus e sua dualidade inconsciente ficaram evidentes diante do miserável Jó. Seu sacrifício involuntário desvelou o Numinoso. Deus teria se tornado conhecido, e este conhecimento continuaria a agir não só em Iahweh, mas também nos homens[91]. Uma vez que o homem o havia conhecido, Ele também teria de se conhecer. Ao revelar à humanidade sua natureza dialógica, Deus também teve de conhecer-se a si próprio. "A fracassada tentativa de arruinar Jó provocou uma transformação em Deus"[92].

---

87. Ibid., vol. 11/4, § 575.
88. Ibid., § 588.
89. Jó 42,2-3.
90. Jó 42,5.
91. Jung, vol. 11/4, § 623.
92. Ibid., § 617.

Este pensamento de Jung nos remete às ideias do filósofo muçulmano Ibn al'Arabi. Dizia o místico sufi que Deus havia criado o homem como seu espelho onde Ele pudesse se refletir e assim tomar consciência de si, estudar a si próprio, conhecer o seu próprio mistério. Sendo o homem o elo entre a polaridade divino/cosmos, ele seria o princípio vital sem o qual a autoconsciência divina não seria possível. Entendendo Deus como um Todo, negando a separação entre o Criador e a criatura, Arabi dizia que, se olharmos para nós mesmos, Ele é o nosso espelho e nós somos o seu espelho. Olhando para o homem, Ele enxergaria "os seus nomes e suas determinações, as quais não são nada além do que Ele mesmo"[93]. Seria então o homem o campo de estudo ético de Deus?

Por fim, Iahweh direcionou sua ira contra os três amigos pretensamente sábios que acompanhavam o sofrimento de Jó, dizendo estar indignado contra eles, pois não haviam falado corretamente a seu respeito, como fizera o seu servo Jó[94]. O curioso nesta afirmativa do Senhor é que Iahweh assegurava que quem se enganara, quem não falara corretamente dele, fora Elifaz quando afirmara que seria "o homem que gera a miséria"[95]. Por outro lado, concordava com Jó quando ele dizia que Ele "extermina o íntegro e o ímpio!", que "deixa a terra em poder do ímpio e encobre o rosto aos seus governantes"[96].

E como se não fosse suficiente todo o sofrimento e humilhação por que passara, Jó teve ainda que interceder em favor dos três que o injuriaram. Jó não tinha nem direito ao ressentimento e devia pedir por seus detratores.

---

93. Ibn Al'arabi, 1980: 50-65.
94. Jó 42,7.
95. Jó 5,7.
96. Jó 9,22-24.

O livro grego de Jó

Jó teve que sacrificar sete novilhos e sete carneiros oferecidos pelos três anciãos, pedindo a Deus que os perdoasse. Só então "Iahweh mudou a sorte de Jó, quando intercedeu por seus companheiros, e duplicou todas as suas posses"[97], seus irmãos vieram visitá-lo, teve outros sete filhos e três filhas, mais belas que todas as mulheres da terra, viveu cento e quarenta anos e "morreu velho e cheio de dias".

---

97. Jó 42,10.

7 Um olho de Deus

Jung comenta com propriedade que Jó havia sido desafiado "como se ele próprio fosse um deus"[98]. Mas isto havia elevado o homem "à condição de juiz da divindade", exaltando Jó, ao mesmo tempo em que o humilhava[99]. Por outro lado, "Javé não chama a atenção de Satanás, nem dá qualquer satisfação moral a Jó"[100]. "Não se ouve uma palavra de censura ou de desaprovação ao procedimento de Satanás"[101]. "Por que esta enervante tolerância em relação a Satanás?"[102]

Mas afinal que função exercia Satanás na corte de Iahweh, com livre trânsito e direito à voz? Jung supõe que "Satanás talvez seja um dos olhos de Deus"[103] e, portanto, Iahweh não o repreenderia porque ele lhe estaria fazendo um serviço. Seria Satanás o controle de qualidade de Deus? Aquele que prova e apura; que nos coloca frente ao desafio ético para que nos fortaleçamos? A qualidade do espírito de Jó realmente foi testada por ele, para que não restasse dúvida se sua bondade era decorrente da vida mansa que recebera de Deus ou não. Seria Satanás um professor às aves-

---

98. Jung, vol. 11/4, § 594.
99. Ibid., § 606.
100. Ibid., § 584.
101. Ibid., § 616.
102. Ibid., § 693.
103. Ibid.: 16 nota 3.

O livro grego de Jó

sas, aquele que coloca entraves em nossos caminhos para que consigamos vencer e nos fortalecer?

O termo hebraico *satan* significa "aquele que se opõe, que acusa, que se coloca contra"[104]. Se Deus é o Todo, como pode Ele ter um opositor que lhe é externo? "Num sistema monoteísta tudo o que se opõe a Deus não pode derivar senão do próprio Deus"[105]. O mais sensato é pensar que Satanás se coloca contra o homem e não contra Deus. Sendo aquele que põe à prova, o senhor do mal seria também o motor de nosso crescimento. Teria o mal como finalidade o bem? Seria o mal o conflito e o bem a paz; o mal o início e o bem o fim? O alfa e o ômega?

A ortodoxia católica não admite que o mal possa vir de Deus; as forças do mal, ao contrário, atuariam na contramão das forças do bem. Segundo Mazzarolo, pensar que Satã não é inimigo de Deus, mas um simples acusador do homem, seria uma visão equivocada. Segundo o argumento deste autor, no Livro de Jó, Satanás não acusaria, apresentando provas contrárias ou inventando mentiras, mas destruiria um justo. "Isso é ser frontalmente contra a criatura e seu criador. Satã é acusador hostil"[106].

Já Jung pesava de forma bastante diversa. Entendia que o que Satanás representa é "apenas uma aparência de mal, sendo na realidade o portador da salvação e da iluminação". A voz interior da consciência teria um caráter "luciferino", portador da luz e das trevas, colocando o homem "diante de decisões morais definitivas, sem as quais ele jamais atingiria a consciência e se tornaria uma personalidade"[107]. Isto é, o tinhoso não estaria contra Deus, mas antes seria um de seus auxiliares na evolução do homem.

---

104. Mazzarolo, 2002: 46.
105. Jung, vol. 11/4, § 249.
106. Mazzarolo, 2002: 47.
107. Jung, vol. 17, § 319.

8 A versão apócrifa

O Livro de Jó deve ter provocado um alvoroço teológico entre os rabinos daquela época, colocando em questão a tão aclamada justiça de Iahweh. Tanto que, depois do Livro de Jó, apareceu um outro livro, hoje considerado como apócrifo, chamado Testamento de Jó[108], contando a história um tanto diferente:

Este livro apresenta Jó como um pagão, não pertencente ao povo escolhido por Deus, descendente da estirpe de Esaú, o irmão de Jacó[109]. Jó "vivia muito perto do templo de um ídolo muito venerado". Mas, num determinado momento, ele duvidou do deus que cultuava. "Será, com efeito, este o Deus que fez o céu, a terra e a todos nós? Como chegarei a sabê-lo"[110]. Na mesma noite sonhou com uma voz que lhe dizia que ia lhe esclarecer a sua pergunta, que aquele a quem ofereciam holocausto era a "potência do diabo", pela qual cairia em enganos a natureza humana[111]. Ele então se colocou de joelhos e suplicou que o Senhor lhe desse poder

---

108. *Apocrifos del Antiguo Testamento*, 1987: 177-213.
109. Test Job 1,5-6.
110. Test Job 2,1-4.
111. Test Job 3,3.

O livro grego de Jó 133

para purificar aquele lugar contaminado com o culto de Satã, de modo que nunca mais fizessem libações em sua honra[112].

Diante de tal pedido, Iahweh teria respondido que se ele queria aniquilar e purificar o lugar de Satã, este, com grande fúria, ia se levantar em pé de guerra contra ele. Assegurava a Jó que ele não ia morrer, mas que Satã o cobriria de feridas, arrebataria todos os seus bens e aniquilaria seus filhos. Mas se ele resistisse com paciência, faria seu nome famoso em todas as gerações da terra até o fim do mundo e devolveria em dobro tudo o que ele havia perdido. "Então saberás que o Senhor, que outorga fortaleza a seus eleitos, é justo, verdadeiro e forte"[113].

Com esta conversa, Jó, sabedor do que ia ocorrer-lhe e do porquê de sua dor, submeteu-se de livre e espontânea vontade a sofrer durante "quarenta e oito anos sentado no esterqueiro, fora da cidade, cercado de enfermidades"[114], para poder livrar-se do poderio de Satanás, a quem cultuara durante tantos anos.

Parece-nos claro que o Testamento de Jó foi escrito como uma resposta às polêmicas suscitadas pelo Livro de Jó. Ele exime inteiramente Iahweh da responsabilidade pelo sofrimento do pobre coitado, deslocando o conflito do céu para a terra, tirando da esfera celeste a turbação da disputa entre Deus e Satanás, remetendo-a à instabilidade das coisas terrenas. Não é Iahweh quem aceita uma disputa com Satanás, mas Jó quem, por vontade própria, propõe-se a desfazer a obra do capeta neste mundo. Assim sendo, este livro não só atribuía as desgraças de Jó às forças demoníacas, identificando estas aos cultos pagãos, mas colocava seu sofrimento como fruto do livre-arbítrio deste homem. Jó foi avisa-

---

112. Test Job 3,5-7.
113. Test Job 4,4-11.
114. Test Job 21,1.

do pelo bondoso Deus em seu sonho e optou por passar por aquelas provações para a glória de Iahweh.

Percebe-se neste Testamento um Jó muito menos revoltado, abraçando seu destino conscientemente. Mas tudo isto é apócrifo. No livro canônico de Jó a contradição entre a bondade e a crueldade, o algoz e o defensor, entre a força criadora e a vontade destruidora, tudo está dentro de Deus, como uma *coincidentia oppositorum*. E diante de toda esta dialógica, Jó coloca-se na humilde posição de criatura diante do numinoso mistério divino, sem questionar sua unidade.

9 Uma derrota moral

Por diversas vezes no Antigo Testamento encontram-se comportamentos de Iahweh que beiram à crueldade. No Gênesis[115], por exemplo, Deus ordenou que Abraão sacrificasse seu próprio filho Isaac (o patriarca do povo judeu). Mas antes que isto acontecesse, Abraão, a pedido de sua esposa Sara, já havia expulsado seu outro filho Ismael (o patriarca do povo árabe) de sua casa, junto com sua mãe, a escrava egípcia Agar, para que morressem no deserto[116]. E se ele tinha mandado um filho de encontro à morte, seria "justo" que ele também sacrificasse o outro. Se bem que Abraão não queria expulsar Ismael e só o fez porque Iahweh disse que ele seguisse a vontade de Sara. Mas, enfim, há uma certa lógica de compensação na exigência do sacrifício de Isaac.

No Livro de Jó, no entanto, não há qualquer compensação nem nenhuma razão humana para o sofrimento do protagonista, senão apenas uma razão interna à divindade, uma questão levantada dentro da corte de Iahweh. O conhecimento a ser adquirido não era de caráter humano, mas sobre um aspecto inerente ao di-

---

115. Gn 22,1-14.
116. Gn 21,9-14.

vino. Segundo as palavras do próprio Jó: "Conhecia-te só de ouvido, mas agora viram-te meus olhos"[117].

Mas se Iahweh venceu Satanás em sua aposta, de certa forma Ele foi derrotado pelo homem, afinal Jó foi fiel até o fim, mesmo diante da infidelidade de Iahweh, em outras palavras, Ele havia sofrido uma derrota moral, estando Jó, moralmente, em uma posição superior a Iahweh. Jung entende que só após ter refletido sobre seus atos e percebido esta "derrota" é que Iahweh tomou consciência de que deveria tornar-se homem, para compensar a injustiça que fizera com o humano Jó. "Ele deve renovar-se, porque foi superado pela própria criatura"[118]. Isto é, o confronto com a criatura transformava o Criador. Iahweh se refletia no espelho humano e assim conseguia conhecer-se, desvelar seu mistério, como dizia Ibn al-Arabi. Será então o homem o terreno onde a evolução de Deus se processa, o espaço psíquico onde Deus pode crescer, sair de sua inconsciência e experimentar da árvore do bem e do mal?

Os livros que seguem ao de Jó no Antigo Testamento são todos de máximas sapienciais e comunicações de natureza apocalíptica. Segundo Jung, isto indicaria a presença de conteúdos inconscientes "constelados", prontos para irromper na consciência[119]. "O próprio Deus quer tornar-se Filho, para substituir o Pai"[120], "o amoral quer tornar-se exclusivamente bom, e o inconsciente, consciente responsável[121].

---

117. Jó 42,5.

118. Jung, vol. 11/4, § 640.

119. Ibid., § 637.

120. Ibid., § 683.

121. Ibid., § 675.

O livro grego de Jó

Contudo, para que tal encarnação acontecesse era necessário antes se resolver um grande problema. O segundo Adão não poderia surgir diretamente da mão de Deus, mas necessitava nascer de uma mulher, para que Ele se renovasse no mistério das núpcias celestes[122]. Mas isto implicava um empecilho teológico.

---

122. Ibid., § 624.

10 Um empecilho teológico

O episódio da queda dos anjos não é narrado de forma muito clara na Bíblia. A menção mais explícita deste episódio se encontra no Livro de Isaías, onde se pode ler:

> Como caíste do céu, ó estrela d'alva, filho da aurora! Como foste atirado à terra, vencedor das nações! E, no entanto, dizias no teu coração: "Hei de subir até o céu, acima das estrelas de Deus colocarei o meu trono, estabelecer-me-ei na montanha da Assembleia, nos confins do norte. Subirei acima das nuvens, tornar-me-ei semelhante ao Altíssimo. E, contudo, foste precipitado ao xeol, nas profundezas do abismo"[123].

No Gênesis, todavia, está uma das mais misteriosas passagens do Livro Santo, que conta que, quando os humanos começaram a se proliferar na face da Terra, os "filhos de Deus" se interessaram pelas filhas dos homens e se uniram àquelas que mais lhes agradaram. Então Deus teria dito: "Meu espírito não se responsabilizará indefinidamente pelo homem, pois este é carne; não viverá mais que cento e vinte anos". Destas uniões entre seres de diferentes densidades teriam nascido os *Nefilim* (gigantes em hebraico); "estes homens famosos foram os heróis dos tempos antigos"[124].

---

123. Is 14,12-15.
124. Gn 6,1-4.

O livro grego de Jó

139

Na nota de pé de página (*l*) na Bíblia de Jerusalém[125], os exegetas comentam que este difícil episódio se referiria a uma lenda popular sobre os gigantes, os "Titãs orientais", nascidos da união entre mortais e seres celestes. Esta raça insolente de super-homens seria um exemplo da crescente perversidade que levaria ao dilúvio. "O judaísmo posterior e quase todos os primeiros escritores eclesiásticos viram nesses 'filhos de Deus' anjos culpados".

Em suas epístolas aos coríntios, São Paulo afirma que "aquele que se une a uma prostituta constitui com ela um só corpo. Pois está dito: Serão dois em uma só carne". Por outro lado, quem se unisse a Deus constituiria com Ele um só espírito[126].

Seguindo as tradições judaicas, por muito tempo julgou-se que a queda dos anjos era um pecado carnal do qual os gigantes e os demônios eram o fruto[127]. Isto é, a queda dos anjos, segundo a versão do Gênesis, teria ocorrido por uma espécie de bestialismo, com a união carnal de dois seres de naturezas diversas. Ao tornar-se "um só corpo" com as mulheres da terra, os anjos teriam elevado espiritualmente a raça humana, mas ao mesmo tempo teriam se impregnado da densidade da matéria, promovendo a sua queda.

Então, como poderia Deus Pai cometer o mesmo erro que condenara em seus filhos e poluir sua iluminada natureza com as trevas da matéria? Percebemos aqui o germe do dogma da Imaculada Conceição de Maria. Este dogma foi definido pelo Papa Pio IX em sua bula *Ineffabilis Deus* em 1854, mas a origem desta ideia é muito anterior. Já está testificada no evangelho apócrifo do Nascimento de Maria, do século II[128]. A bula do papa proclamava o dogma de

---

125. *Bíblia de Jerusalém*, 1980: 39.

126. 1Cor 6,16-17.

127. *Dicionário Patrístico e de Antiguidades Cristãs*, 2002: 390.

128. Moraldi, 1999: 101-104.

que a mãe de Jesus teria nascido sem pecado. E a sábia Maria teria conseguido manter-se livre de qualquer mácula por toda a vida.

Como dizia Jung, as "situações arquetípicas só se repetem quando submetidas a estímulos especiais"[129]. O dogma da Imaculada Conceição de Maria faz com que a Virgem seja alguém fora do conjunto da humanidade, cuja característica comum é o pecado original. Desta forma, Maria é como que elevada a um *status* de deusa. "Tanto a Mãe quanto o Filho não são seres humanos reais, mais deuses"[130].

A palavra "dogma" é frequentemente associada a uma noção de algo rígido, preconceituoso, arbitrário. Para Jung, no entanto, o dogma seria um símbolo de um fato "real", isto é, atuante, que falava sobre algo que é interdito ao conhecimento vulgar[131]. Os dogmas constituiriam "símbolos instrumentais mediante os quais são introduzidos conteúdos inconscientes na consciência, para aí serem interpretados e integrados"[132]. Portanto, todo dogma religioso, por ser expressão do inconsciente, não é algo arbitrário, "nem corresponde a uma opinião, mas ocorre pelo fato de ser assim mesmo, como em qualquer coisa natural"[133]. Contudo, o dogma não pode ser um saber fechado, ele é algo vivo e, portanto, suscetível de modificação e evolução[134].

Dogmaticamente, existe uma diferença de qualidade entre Cristo, o Filho de Deus e os numerosos filhos de Deus mencionados no Livro de Jó. Estes são anjos, enquanto Cristo é Deus. Cristo não seria o espelho adâmico onde Deus se reflete, mas sim o

---

129. Jung, vol. 11/4, § 624.

130. Ibid., § 626.

131. Ibid., vol. 9/2, § 271.

132. Ibid., § 259.

133. Ibid., vol. 12, § 20.

134. Ibid., vol. 11/4, § 10.

O livro grego de Jó 141

próprio Deus Pai reatualizado na figura do Filho. "Enquanto Deus, nunca deixou de ser Deus"[135]. Assim reza a ortodoxia.

Jung, no entanto, simpatizava com a heresia bogomila, de caráter dualista, cuja origem remonta ao século IX, no antigo império búlgaro. Pregavam estes hereges que o diabo, que chamavam de Satanael, era o primeiro Filho de Deus e Cristo o segundo. Esta dupla filiação conferiria ao mal e ao bem uma equiparação, como duas emanações de Deus.

O que se percebe é que o Deus apresentado por Cristo difere em aspectos básicos do Deus do Antigo Testamento. Enquanto Iahweh beira as raias da crueldade, o Deus cristão aparece em seu aspecto luminoso, colocando-se como apenas bom[136]. Esta solução, contudo, não pretende conciliar os contrários, mas os dissocia definitivamente[137]. Isto é, se Deus é inteiramente bom, o mal tem de ser atribuído a outra entidade.

O demônio só teria adquirido sua característica perversa, como inimigo de Cristo e, portanto, de Deus, com o advento do cristianismo. No Antigo Testamento ele aparece em várias ocasiões, citado como sendo um dos filhos de Deus. Segundo o entendimento junguiano, o mecanismo psíquico sempre tenderia ao equilíbrio, fazendo compensações. Assim sendo, diante da pureza ilibada de Cristo, atestada pelo dogma, houve a necessidade de se criar o seu antípoda. "E teria sido exatamente esta antinomia que fizera surgir a doutrina dos dois filhos de Deus, chamando-se o mais velho deles Satanael"[138].

---

135. Ibid., § 628.
136. Ibid., § 694.
137. Ibid., § 728.
138. Ibid., vol. 9/2, § 77.

11 A resposta a Jó

Como insistimos por diversas vezes, um mito não tem uma única e verdadeira explicação, sendo antes um manancial de significados e significantes. As religiões cristãs oferecem suas versões oficiais da história. O problema é que nenhuma versão dá conta de explicar o Inexplicável, e até entre as Igrejas ditas cristãs há divergências teológicas sobre a explicação dos fatos bíblicos. Mesmo admitindo que todos os dogmas religiosos são verdades provindas do inconsciente, como afirmava Jung, eles devem servir-nos como material de estudo sobre o oculto, não como entraves que impeçam o pensamento humano de questionar-se sobre o que eles não explicam.

Uma religião seria um retrato que se faz do Infinito Incognoscível, com a intenção de estudá-lo. Por maior que seja a grande-angular de uma câmara, ela certamente não dará conta de abarcar toda a imensidão sem fim. E como se trata do Infinito, é sempre possível fazer um outro retrato, igualmente verdadeiro, partindo de outro foco, até mesmo um foco onde Deus inexiste. Desta forma, o douto senhor que se apega a suas certezas teológicas não está muito distante do ateu convicto. Ambos se encastelaram numa explicação possível para não vivenciar a incômoda sensação de dúvida permanente que é própria da nossa relação com o Mistério. Que existe um Mistério, isto ninguém pode questionar, já

O livro grego de Jó 143

que todos nós morremos e o que há do outro lado, ninguém pode afirmar com certeza, apesar de haver muitas teorias.

Isto não quer dizer que não haja valor na crença. Ela é fundamental para organizar a nossa relação com o mundo; seja ela a crença em um Deus Uno, a de que nada existe além do mundo material, ou mesmo outra qualquer. O importante é não perder de vista que, por mais fundada dentro de um pensamento lógico, ou de uma vivência mística, uma crença é apenas uma crença, uma das explicações possíveis sobre O Que É Impossível Saber.

Jung acreditava que os mitos seriam formas que o homem conseguiu para trabalhar o material arquetípico da psique em busca de um maior equilíbrio. O mito seria assim "um produto do arquétipo inconsciente e, por isso, um símbolo que requer uma interpretação psicológica"[139]. Ele se negava a admitir que estivesse tratando de teologia. Defendia que aqueles deuses e anjos eram figuras arquetípicas que falavam sobre a estrutura e o funcionamento da psique. Seu objeto de estudo não seria, segundo ele, a espiritualidade do divino, mas a psicologia do humano.

Questionado sobre sua crença, Jung teria dito:

> Mas já me perguntaram tantas e tantas vezes se acredito ou não na existência de Deus, que fiquei um pouco preocupado de que alguém me pudesse tomar por um psicologista [...] considero a psique como uma realidade [...] Deus é uma realidade psíquica evidente, e não um dado físico, ou seja, é um dado que só pode ser constatado do ponto de vista psíquico e não do ponto de vista físico[140].

---

139. Ibid., vol. 10/4, § 625.
140. Ibid., 11/4, § 751.

A grande ousadia de Jung ao analisar o Livro de Jó foi conceber um Deus dialógico, que é Uno e Perfeito ao mesmo tempo em que é capaz de errar, aprender com seu erro e evoluir. Assim pensando, Jung levantou a hipótese de que Cristo encarnou para que Deus pagasse uma dívida que tinha com os homens por causa do episódio de Jó. Isto faz sentido dentro da lógica do mito. Afinal, Deus como Cristo encarnou humildemente no homem Jesus. Se cobrara de Jó que pedisse por seus detratores, Jesus também pregou que deveríamos amar os nossos inimigos. Se ele humilhara Jó com toda aquela provação, também, despido de orgulho, Ele se sujeitara ao seu controle de qualidade. Primeiro no deserto, para saber se Jesus era um aparelho confiável para suportar o espírito de Deus; por último, no Calvário, onde, assim como cobrara de Jó, submeteu-se calado a ser um instrumento da vontade de Deus. E se Cristo, sendo Deus, sabia o porquê de sua agonia, Jesus, tal qual Jó, não tinha ideia da real razão de seu sofrimento, pois até o final ainda perguntava: "Deus meu, Deus meu, por que me abandonaste?"[141] Mas, talvez para superar sua criatura, Deus, que impedira que Satanás tirasse a vida de Jó, pedia agora a vida de Jesus; Ele, que fizera com que Abraão levasse seu filho Isaac até o Monte Sião para ser sacrificado e que o salvara na última hora, queria agora o sacrifício de seu próprio Filho.

Com a união do corpo humano de Jesus com o espírito de Deus em Cristo, ocorria a junção "de naturezas heterogêneas", Jó e Iahweh "unidos em uma só e mesma personalidade"[142]. O sacrifício de si próprio levava à reparação da injustiça praticada contra Jó, bem como a uma elevação espiritual e moral do homem. Para que houvesse uma "reconciliação" entre o homem e

---

141. Mc 15,34.
142. Jung, vol. 11/4, § 648.

Deus, este deveria sofrer no homem, da mesma forma que o homem sofria em Deus[143].

Tomando como premissas estas afirmações de Jung, chegamos a três deduções implícitas ao pensamento junguiano: que Deus seria um Ser em evolução, capaz de errar e aprender com seu erro; que seu autoconhecimento se daria na medida em que Ele se contemplasse na criatura e refletisse sobre sua conduta (a tomada de consciência da injustiça que cometera contra Jó); e de que sua evolução se daria por meio do sofrimento humano (a paixão de Jesus).

O homem seria assim o agente do aprimoramento de Deus, seu laboratório de ética. Afinal, se Ele é o começo e o fim, Ele também é tudo o que existe entre estes dois pontos, todo o processo evolutivo, em seus acertos e erros. Colocá-lo apenas como o Alfa e o Ômega, aparecendo magnanimamente no momento da criação e no juízo final, faz com que Ele esteja ausente na maior parte da história humana, o que é inconcebível para um ser Onipresente. Se ele é o Todo, tem de estar presente em todas as possibilidades de ser, desde a bondade mais pura à mais terrível perversão; desde a beatitude plena até a total ausência de si na crença ateia. O *Summum Bonum* e o *privatio boni* em um monólogo de antinomia.

---

143. Ibid., § 657.

12 A ressurreição dos fantasmas

Mesmo achando muito instigante a hipótese de Jung de que o objetivo da vinda de Cristo tenha sido uma "purgação de carma" de Iahweh, poderíamos levantar outra hipótese para o motivo da encarnação de Deus no homem. Para tal, partiríamos do pressuposto acima mencionado de que não fosse a dúvida que impingira Iahweh a aceitar a aposta de Satanás, mas que Ele se vira coagido a aceitá-la, pois necessitava reafirmar seu poder diante de um de seus anjos que conquistara certa autonomia.

Isto nos remeteria à crença gnóstica do século II a.C. Os gnósticos diziam que a matéria não seria criação do Deus Supremo, o *Deus agnostos*, inteiramente benigno. Todo o mundo material teria sido criado pelo demiurgo, uma das criaturas do Deus Supremo, um ser cruel que se autointitulara Deus e que governava o mundo como um tirano, sujeitando os homens a seus arbítrios[144].

Mas se a matéria era algo inteiramente mau, criação de um ser perverso, como poderia o Deus *Summum Bonum* ter encarnado na maldade? Os hereges docetistas do século II d.C. resolviam este problema negando uma verdadeira natureza material para Je-

---

144. *Dicionário Patrístico e de Antiguidades Cristãs*, 2002: 625.

sus. Marcião, por exemplo, para excluir qualquer laço entre o demiurgo e o Salvador, admitia uma carne "celeste". Os valentinianos diziam que o Salvador assumiu somente aquilo que deveria ser salvo, portanto, nenhuma substância corporal[145]. Marino dizia que Jesus tinha "um corpo como dos anjos de Mambré: capaz de comer e beber sem outro organismo que o assimilado *ad casum*"[146]. O episódio referido dos anjos de Mambré está narrado no Gênesis (18,1-15). Iahweh aparece para Abraão, sob a forma de três homens, para anunciar que sua esposa Sara, mesmo sendo velha, daria à luz um filho. Isto depois de ter (ou terem) comido fartamente do pão, do vitelo, da coalhada e do leite que Abraão ofereceu.

Para Tertuliano, negar que Cristo tivesse carne real significava dizer que Ele era apenas um fantasma e que havia mentido, querendo passar por algo que não era. Isto daria o direito de se questionar também sobre sua divindade. Seria Cristo um Deus sem ser Deus, como era um homem sem carne material?

Pois por que Ele não poderia levar consigo um fantasma de deus? Vou eu confiar nele naquilo que concerne sua substância interior quando Ele nos enganou sobre sua substância exterior? Como se ter por verídico o que Ele esconde sobre si, quando se descobre que Ele mentiu sobre o que mostra para ser visto? De outro lado, como poderia Ele, misturando em si a verdade do espírito e a mentira da carne, realizar esta união íntima, que o apóstolo declarou impossível, da luz, que é verdade, e da mentira, que é treva?[147]

---

145. Ibid., 2002: 421.
146. Orbe, 1976, I: 384.
147. Tertuliano, 1994, III: 97.

E seu questionamento ainda se desdobrava para outras consequências da afirmação docetista. Afinal, se Cristo não nasceu de mãe terrena, como dizia Marcião, ele tampouco poderia morrer. Fausto, no século IV, afirmava que seria possível cogitar a possibilidade de alguém morrer sem ter nascido, pois, no sentido oposto, Elias havia nascido sem nunca ter morrido, uma vez que fora arrebatado em vida aos céus, abduzido por uma carruagem de luz. Para os maniqueístas do século III, no entanto, "Cristo subiu na cruz, mas não sofreu nem morreu de verdade"[148], apenas em aparência. Tertuliano não podia admitir esta hipótese:

> Ou então, pela negação de sua carne, nega-se também sua morte, não se deixando de pé nem mesmo sua ressurreição. Ele não ressuscitou pela mesma razão que Ele não morreu, não tendo efetivamente a substância da carne, então não existiria tampouco a ressurreição ou a morte. Consequentemente, uma vez invalidada a ressurreição de Cristo, a nossa também estava anulada. Ela não mais acontecerá, esta ressurreição pela qual veio o Cristo, se a do Cristo não aconteceu [...] E assim vazia é a nossa fé, vazia é a pregação dos apóstolos. Estes seriam mesmo falsas testemunhas de Deus, já que levaram o testemunho que Cristo havia ressuscitado, uma vez que Ele não ressuscitou. E nós estamos ainda no nosso pecado; e aqueles que dormiram em Cristo estão mortos: sem dúvida devem ressuscitar, mas no estado talvez de fantasma, como Cristo[149].

---

148. Orbe, 1976, II: 393.
149. Tertuliano, 1994: 99-101.

13 O destino das almas

Os primeiros livros do Antigo Testamento (escritos, ao que se estima, entre os séculos X e VI a.C.) não falam muito a respeito do destino das almas após a morte. Referem-se a um local que dão nome de *xeol*, situado nas profundezas da Terra[150], para onde os mortos desceriam[151]; um lugar triste e sombrio, algo semelhante ao Hades grego, onde as sombras vagariam sem memória: "Tudo o que te vem à mão para fazer, faze-o conforme a tua capacidade, pois, no *xeol*, para onde vais, não existe obra, nem reflexão, nem conhecimento e nem sabedoria"[152]. Ali os bons e os maus se confundiriam, sem castigo ou recompensa pelos feitos de suas vidas. "Com efeito, não é o *xeol* que te louva, nem a morte te glorifica, pois já não esperam em tua fidelidade aqueles que descem à cova"[153].

Jó, que havia desistido de esperar a fidelidade de Iahweh mesmo em vida, achava que ir para este lugar de sombras seria o melhor que poderia lhe ocorrer: "Ora, minha esperança é habitar no *xeol* e preparar minha cama nas trevas"[154]. Preferia tudo esquecer e ser nada no mundo do além, pois achava que aqui tudo "é a mes-

---

150. Dt 32,22.
151. Gn 37,35.
152. Ecl 9,10.
153. Is 38,18-19.
154. Jó 17,13.

ma coisa! Ele extermina o íntegro e o ímpio [...] e encobre o rosto, aos seus governantes"[155].

Mas se não havia nenhum prêmio na vida após a morte, se "os ímpios continuam a viver, e ao envelhecer se tornam ainda mais ricos"[156], os amigos de Shaddai "não chegam a ver seus dias"[157] e o próprio Iahweh confessava que "hei de tirar da bainha a minha espada e extirparei do meio de ti tanto o justo como o ímpio"[158], qual a vantagem de ser temente a Deus?

> Assim todos têm o mesmo destino, tanto o justo como o ímpio, o bom como o mau, o puro como o impuro, o que sacrifica como o que não sacrifica; o bom é como o pecador, o que jura é como o que evita o juramento. Este é o mal que existe em tudo o que se faz debaixo do sol: o mesmo destino cabe a todos. O coração dos homens está cheio de tolice, e seu fim é junto aos mortos[159].

Ocorreu então um progressivo desenvolvimento, surgindo prenúncios de ideias que seriam fundamentais para o cristianismo. Como dizia Jung: "Se jamais houve alguma coisa que tenha sido preparada historicamente, produzida e sustentada pelas concepções já existentes no mundo circundante, um exemplo flagrante de tal ocorrência é o cristianismo"[160].

Nos Salmos atribuídos a Davi, um livro composto por textos de várias épocas, já se começa a perceber uma inconformidade quanto ao destino humano. O autor clama para que Iahweh o sal-

---

155. Jó 9,21-24.
156. Jó 21,7-9.
157. Jó 24,1-2.
158. Ez 21,8.
159. Ecl 9,2-3.
160. Jung, vol. 11/4, § 687.

O livro grego de Jó

ve, o liberte, pois na morte ninguém se lembraria dele, ninguém o louvaria[161]. Em outra passagem, ele se alegra, certo de que Iahweh não o abandonará no *xeol*[162], mas resgatará sua vida das garras daquele lugar sombrio[163].

No Livro da Sabedoria, atribuído a Salomão, mas supostamente escrito entre os séculos V e IV a.C., a esperança de um resgate dos mortos torna-se mais explícita, havendo, pela primeira vez no Antigo Testamento, a menção à ideia de que a alma humana seja imortal[164]. O autor louva o poder de Deus sobre a vida e a morte, Ele que faz as almas descerem às portas do Hades e de lá subirem[165].

O Primeiro Livro de Samuel 2,6 (supostamente do século VI a.C.) também aponta a possibilidade de se subir do *xeol*, após ter baixado a ele. No Livro de Daniel (datado por alguns do século II a.C.), o profeta fala abertamente sobre a ressurreição dos mortos após um juízo final, dizendo que "muitos dos que dormem no solo poeirento acordarão, uns para a vida eterna e outros para o opróbrio, para o horror eterno[166].

Se o profeta dizia que "muitos dos que dormem no solo poeirento acordarão", isto significava que nem todos ressuscitariam. Pelo que dá a entender, Daniel achava que a maioria medíocre, nem muito virtuosa, nem muito pecadora, continuaria morta sem castigo ou prêmio.

No Segundo Livro de Macabeus (provavelmente do século II a.C.), livro este considerado apócrifo pelos judeus e pelos protes-

---

161. Sl 6,6.
162. Sl 16,9-11.
163. Sl 49,16.
164. Sb 3,1-5.
165. Sb 16,13.
166. Dn 12,1-3.

tantes, sendo canônico apenas para os católicos, encontramos não apenas professada a crença na ressurreição, mas também a de que fosse possível aos vivos intervir em favor dos mortos. Este é o único lugar na Bíblia que dá esta esperança aos homens[167].

Além da esperança na ressurreição dos justos, outra ideia aparece em destaque, principalmente nos livros apócrifos, apesar de já aparecer mencionada nos livros canônicos do Antigo Testamento: a noção de que haveria um lugar dentro do *xeol*, a geena (*Gê-Hinnom* em hebraico), reservado ao castigo dos pecadores. A concepção de um lugar de castigo no *post mortem* aparece bem explicitada no Henoc etíope. Este livro conta de forma mais aprofundada a história da queda dos anjos, detalhando melhor o episódio dos Nefilim, os gigantes nascidos da relação entre os filhos de Deus e as filhas dos homens, mencionado acima. Em uma de suas passagens, o protagonista é acompanhado pelo Arcanjo Rafael, que lhe mostra um monte bem alto onde estão cavadas quatro cavidades muito profundas. Nestas covas estão as almas dos defuntos, separadas de acordo com seus méritos, à espera do dia do juízo[168].

O livro etíope de Henoc (datado do século II a.C.) é um dos precursores do Apocalipse de São João. Em 51,1-3 ele afirma que no grande dia os mortos ressuscitarão e o Eleito sentará em seu trono. Em 90,26 Henoc fala de um abismo cheio de fogo onde seriam lançados os culpados após o juízo.

Nos Oráculos Sibilinos (livro escrito entre os séculos II e I a.C.) menciona-se a "geena de violento e devastador fogo incansável"[169].

---

167. 2Mc 12,38-45.

168. Hen[aeth] 22,8-13. In: *Apocrifos del Antiguo Testamento*, IV, 1984: 59.

169. OrSib 1,103. In: *Apocrifos del Antiguo Testamento*, III, 1982: 207.

14 As chaves do inferno

Isaías[170], profeta do século VIII a.C., acreditava que teria sido no *xeol* que Lúcifer fora precipitado do alto do céu, provavelmente junto com toda sua corte de anjos rebeldes. O autor do Sl 88,12 chama o *xeol* de "lugar da perdição". Mas parece que o poderio do capeta não se restringiria àquelas profundezas, pois ele também é conhecido sob a alcunha de "príncipe do mundo"[171].

Segundo o Gênesis[172], a morte era uma das consequências do pecado original. "Pois Deus não fez a morte nem tem prazer em destruir os viventes"[173]. Mesmo assim, era "Iahweh quem" fazia "morrer e viver"[174]. No entanto, em sua Epístola aos Hebreus, São Paulo dizia abertamente que o diabo era o "dominador da morte"[175]. Já que não fora Iahweh quem fizera a morte e o diabo era quem a dominava, podemos concluir que a morte era uma criação de Satanás, um fruto do pecado. E como criatura da criatura, não do Criador, talvez não estivesse inteiramente em sua alçada.

---

170. Is 14,15.
171. Jo 14,30.
172. Gn 3,3.
173. Sb 1,13.
174. 1Sm 2,6.
175. Hb 2,14.

Assim voltamos a nossa suposição cogitada acima de que Iahweh teria sido obrigado a aceitar a aposta que Satanás fazia sobre a fidelidade de Jó porque *aquele que arma ciladas* tinha conquistado uma certa autonomia: um reino no *xeol*, uma dominação sobre a morte e um principado no mundo.

Seguindo a lógica do mito, poderíamos levantar outra hipótese, a de que a encarnação de Deus no homem tivesse como função, além de superar moralmente Jó, conquistar para Ele aquelas porções autônomas do universo (a matéria, segundo os gnósticos, ou a morte e o *xeol*, segundo o que dá a entender a narrativa bíblica).

No século IV Rufino interpretava a descida de Cristo aos infernos como uma tomada de posse dos reinos infernais[176]. Alguém só pode tomar posse de algo que anteriormente não estava em seu poder.

Para São Pedro, quando Cristo morreu pelos pecados, "o justo pelos injustos", Ele o fez a fim de nos conduzir a Deus e que, durante sua estadia no *xeol*, pregou aos espíritos aprisionados[177]. Isto é, enquanto o espírito de Deus encontrava-se na mansão dos mortos, Ele teria divulgado seus ensinos para as almas dos defuntos que faleceram antes de sua vinda, anunciando a Boa-nova, que havia uma possibilidade de sair daquela prisão, daquele inferno governado por satanás.

No Evangelho de São Lucas está uma parábola que Jesus teria contado sobre a história de um arrogante rico que morreu no mesmo dia que o pobre e bondoso Lázaro. Tendo ambos chegado ao *xeol*, o rico, "em meio a tormentos, levantou os olhos e viu ao longe Abraão e Lázaro em seu seio". Existia um grande abismo in-

---

176. *Dicionário Patrístico e de Antiguidades Cristãs*, 2002: 393.
177. 1Pd 3,18-19.

O livro grego de Jó   155

transponível entre eles para evitar que se passasse de um lado para o outro[178].

Temos aqui uma descrição da crença que circulava entre os judeus daquela época a respeito de como era o mundo dos mortos. Percebe-se que existem dois ambientes: um de repouso, no seio de Abraão; outro, um lugar de castigo. Estes dois ambientes estariam separados por um abismo, mas bem próximos, na mesma localidade, o *xeol*; tão próximos a ponto de o rico maldito poder ver o pobre agraciado e sentir inveja, ou então o agraciado, vendo a desgraça do infeliz, sentir-se vingado. Outro aspecto importante é que o grande patriarca Abraão também se achava neste lugar. Temos que frisar que esta parábola teria sido contada por Jesus antes de Ele baixar ao *xeol* e ressuscitar no terceiro dia, como dizem os evangelhos.

Parafraseando o versículo 19 do Sl 68, São Paulo escreveu em sua Epístola aos Efésios[179] que Cristo, tendo subido às alturas, "levou cativo o cativeiro, concedeu dons aos homens" a fim de "plenificar todas as coisas". Além de acreditar que a profecia do Sl 68 havia se realizado na ressurreição de Cristo, o que nos chama mais a atenção é que, nesta citação adaptada, São Paulo diga que, subindo aos céus, Cristo teria levado "cativo o cativeiro". O que isto queria dizer? Parece que, através de sua morte, Cristo havia conquistado as chaves da prisão, aberto os cadeados do inferno onde Satanás mantinha cativas todas as almas dos defuntos, os "espíritos em prisão" de que nos fala São Pedro.

Apesar de já indicarem a possibilidade de uma futura ressurreição, como vimos acima, os textos canônicos do Antigo Testamento indicavam que o destino de todos era o *xeol*, até mesmo o

---

178. Lc 16,19-31.
179. Ef 4,8-10.

de Abraão e dos outros patriarcas, com raras exceções (Henoc e Elias que haviam sido abduzidos ao céu com corpo e tudo).

Costuma-se dizer que Cristo morreu para nos salvar. Mas salvar de quê? O pecado continua no mundo da mesma forma. Não podemos dizer que Ele veio à Terra para acabar com o mal, pois isto não aconteceu. Jung diz mesmo que "a princípio não parece corresponder ao plano divino de poupar o homem do conflito e, por conseguinte, também do mal"[180], pelo menos até o juízo final. Por enquanto, o conflito e o mal estariam a seu favor, promovendo o nosso crescimento até a prometida prova final.

Se não foi para nos livrar do mal, teria Ele morrido para nos livrar do *xeol*, este destino inevitável de todas as almas humanas? Somente Deus teria o poder de retirar as chaves do inferno das mãos de Satanás e poder dar um destino mais digno a Abraão, Jó, Jeremias e tantos outros. Tal parece ser o pensamento de São Paulo ao dizer que Cristo teria encarnado como homem mortal "a fim de destruir pela morte o dominador da morte, isto é, o diabo; e libertar os que passaram toda a vida em estado de servidão, pelo temor da morte"[181]. Isto faria de seu sacrifício não um espetáculo de sadomasoquismo divino, mas uma tarefa heroica. Sua morte era a única forma de cumprir sua missão de integrar todo o universo, tomando posse das chaves do inferno, que estavam com Satanás.

Com seu nascimento, morte, ressurreição e ascensão aos céus com corpo e tudo, Deus-Cristo teria se apropriado de tudo o que de autônomo havia no mundo (a matéria, a morte e o inferno), mostrando que não existia nada que não lhe obedecesse.

No capítulo dedicado aos deuses malditos, contestamos a ideia de Campbell de associar todos os mitos heroicos ao processo de

---

180. Jung, vol. 11/4, § 659.
181. Hb 2,14-16.

O livro grego de Jó 157

individuação, alegando que, na maioria dos mitos gregos, os heróis, após cumprirem seus grandes feitos, têm um destino medíocre, por vezes até mesmo trágico. Certamente existem duas exceções gregas bem evidentes, Édipo e Héracles, ambos aceitos entre os deuses, após terem sofrido as mais penosas dores neste mundo.

Tendo feito "a conjunção do consciente com o inconsciente: a função transcendente própria ao processo de individuação"[182], o homem Jesus seria o verdadeiro herói da individuação, aquele que teve *amor ao destino*, e foi capaz de fazer de seu ego a *imago Dei*, a imagem de Deus, o *Self*, usando a linguagem junguiana. Por isso Cristo, associando em si o homem Jesus a Deus Pai, seria um símbolo da totalidade[183], que integrou sua própria sombra, tomando as chaves do inferno das mãos de Satanás. As naturezas divina e humana estariam de tal forma interpenetradas no mito de Cristo, que tentar separá-las uma da outra mutilaria a ambas[184], perdendo-se todo o seu significado simbólico, e assim toda a verdade inconsciente que o símbolo traz consigo.

---

182. Jung, vol. 5, § 672.
183. Ibid., § 590.
184. Ibid., § 645.

15 A cisão metafísica

Tudo muito bonito, mas existe uma coisa que não soa bem neste final feliz. Como Cristo, o símbolo da totalidade, segundo Jung, é também o responsável pela grande cisão metafísica do mundo espiritual? A autonomia que Satanás tinha no reino de Iahweh transformou-se em uma queda, "os satanases foram afastados da corte celeste"[185]. Lendo um versículo do Evangelho de Lucas[186], que testemunhava que Jesus haveria dito ter visto Satanás cair do céu como um relâmpago, Jung entendeu que, com a encarnação de Deus, teria ocorrido uma "temporalização de um dado metafísico, qual seja a separação histórica e (provisoriamente) decisiva de Javé e de seu filho tenebroso"[187].

Um fato mítico não ocorre dentro de um tempo cronológico, pois o tempo mítico é anterior ao poder de Cronos; um tempo urânico ou mesmo caótico. Portanto, a queda de Lúcifer teria ocorrido tanto no começo do mundo quanto na vinda de Cristo, sem que isto constituísse um contrassenso. Assim também o nascimento de Cristo que, apesar de ser um fato histórico, seria algo que sem-

---

185. Ibid., § 675.
186. Lc 10,18.
187. Jung, vol. 11/4, § 650.

O livro grego de Jó   159

pre existiu, a associação entre um acontecimento intemporal e eterno a um acontecimento singular e histórico[188].

Mas se Satanás foi expulso dos céus, como fica então esta história de integração de todo o universo feita por Cristo? Só se fosse lá por cima, porque por aqui por baixo não havia ocorrido integração alguma e Satanás conservava o domínio sobre o mundo sublunar.

Havia uma promessa de um dia prendê-lo para sempre no quarto giro do nono círculo do *Inferno* de Dante, o calabouço de Deus. Mas este dia ninguém sabe quando virá, apesar de sempre dizerem que ele está próximo. E se Cristo havia tomado as chaves da mansão dos mortos das mãos de Satanás, somente uns poucos eleitos é que usufruiriam o paraíso; a grande maioria seria condenada mesmo. "Como pode a morte de Cristo ter-nos salvo se nenhum de nós se sente salvo?"[189] Para o homem comum as coisas tinham mesmo piorado, pois agora, ao invés de virar sombra sem memória, pesava-lhe a ameaça de ser condenado ao inferno por toda a eternidade. À primeira vista parecia que, como dizia Jung, mais uma vez, Deus mostrava que tinha pouca preocupação pelos problemas do homem, estando "voltado apenas para seus próprios interesses"[190], tomando posse do que havia fugido ao seu controle.

Muito estranho! Se a missão de Cristo era integrar tudo nas mãos de Deus, ao que dava a entender, havia ocorrido exatamente o contrário, a cisão completa entre o bem e o mal. O cristianismo se tornara quase que um dualismo, com duas potências inimigas, cada qual com o seu reino, pois, segundo as palavras do próprio Jesus: "Todo reino dividido contra si mesmo acaba em ruína e nenhuma cidade ou casa dividida contra si mesma poderá

---

188. Ibid., § 629.
189. Ibid., vol. 9/2, § 66.
190. Ibid., vol. 11/4, § 588.

subsistir"[191]. O Novo Testamento, como propaganda de um dos lados, dava-nos a garantia de que as forças do bem iam vencer e nos livrariam para sempre de todo o mal.

Em hipótese alguma queremos afirmar que a religião cristã, judaica ou outra crença qualquer, seja a melhor ou a mais verdadeira. Isto seria uma contradição com tudo o que dissemos até agora. Enunciar que uma crença seja mais perfeita que outra seria atestar que se sabe algo sobre O Que É Impossível Saber. Como dizia o muçulmano Ibn al-Arabi, cada crença "não pode ser outra coisa do que Deus é, mas tampouco, paradoxalmente, pode ser inteiramente fiel à divina Verdade"[192]. As religiões judaica, cristã e islâmica fazem interpretações diversas e igualmente cabíveis sobre o Antigo Testamento, trazendo em si soluções e problemas insolúveis. O que nos propomos neste trabalho, no entanto, é analisar a lógica interna do mito cristão, segundo o qual Cristo veio trazer respostas para os problemas que Iahweh suscitava entre seus fiéis.

Para estudar as possibilidades de interpretação desta cisão metafísica que separou o bem do mal, é importante que retornemos ao mito da queda de Lúcifer, mencionado acima. Segundo Isaías[193], Lúcifer teria sido "atirado à terra" e "precipitado ao *xeol*, nas profundezas do abismo", porque desejara "subir até o céu, acima das estrelas de Deus", para colocar ali o seu trono e tornar-se "semelhante ao Altíssimo". Isto nos dá a entender que ele, tendo sido "atirado na terra" e "precipitado no *xeol*" (que, como diziam, estava abaixo da superfície terrestre), teria influência nestes dois níveis.

---

191. Mt 12,25.

192. Ibn al-Arabi, 1980: 146.

193. Is 14,12-15.

Mas que poder tão grande era este que tinha Lúcifer que lhe subiu à cabeça a ponto de querer se comparar com Iahweh? Não seria justamente o domínio sobre a morte, sobre a matéria e a posse das chaves do *xeol* que lhe haviam sido confiadas?

Há quem faça uma distinção entre Lúcifer e Satanás, separando a responsabilidade dos pecados mentais e dos carnais entre duas entidades diferentes. Como esta distinção não é muito clara, consideraremos Satanás como um dos nomes de Lúcifer, dois aspectos da mesma entidade. Lúcifer, o senhor da luz, seria o nome etéreo do anjo antes de sua queda na matéria.

Apesar de a queda de Lúcifer, narrado no Livro de Isaías, ter ocorrido supostamente no começo do mundo, no Livro de Jó ele perambula livremente pelo palácio de Iahweh e, portanto, ele ainda não havia sido expulso. Mas como se trata do tempo mítico, isto é perfeitamente cabível, como discutimos acima. O que se percebe neste livro é que Satanás, mesmo antes de sua queda, já tinha o poder sobre a matéria e sobre a morte. Basta ver toda a desgraça material que ele causou a Jó e a interdição de Iahweh de que ele matasse o pobre sofredor. Sendo este episódio anterior a sua expulsão do céu, Satanás ainda obedece a Iahweh.

No Primeiro Livro dos Reis está uma outra passagem que nos faz pensar:

> Eu vi Iahweh assentado sobre seu trono; todo o exército do céu estava diante dele, à sua direita e à sua esquerda. Iahweh perguntou: "Quem enganará Acab, para que ele suba contra Ramot de Galaad e lá pereça?" Este dizia uma coisa e aquele outra. Então o Espírito se aproximou e colocou-se diante de Iahweh: "Sou eu que o enganarei", disse ele. Iahweh lhe perguntou. "E de que modo?" Respondeu. "Partirei e serei um espírito da mentira na boca de todos os seus profetas".

Iahweh disse: "Tu o enganará, serás bem-sucedido. Vai e faze assim". Eis, pois, que Iahweh infundiu um espírito de mentira na boca de todos esses teus profetas, mas Iahweh pronunciou contra ti a desgraça[194].

Quem é este *Espírito*, que faz parte do *exército do céu*, que se coloca a serviço de Iahweh? Orígenes[195] não tem dúvida de que se trata do *pai da mentira*, o nosso conhecido Satanás. Se no Livro de Jó ele aparece criando problemas para Iahweh, aqui ele se mostra claramente como parte de seu exército, aquele que faz o serviço sujo.

Segundo conta o mito, este mesmo funcionário de Deus teria se orgulhado do poder que tinha e pretendeu ser igual ao Altíssimo. Diz o Evangelho de João que Deus Pai e Cristo têm a mesma essência. "Eu e o Pai somos um"[196] e "antes que Abraão existisse, EU SOU"[197]. Querer igualar-se ao Altíssimo não seria então comparar-se com Cristo, "o Filho único"[198], dizendo ser Satanael, o outro Filho de Deus, a velha heresia bogomila, tão querida a Jung, que colocava o bem e o mal como forças equipotentes?

Quando Satanás aparece no Livro de Jó entre os filhos de Deus, estes são os anjos, emanações de Deus, guerreiros do exército do céu, não o Filho que é ao mesmo tempo o Pai, como reza o dogma da Santíssima Trindade. Como bem comenta Van den Winckel "o oposto de Satã não é Jesus, mas um outro anjo, um ser criado, São Miguel"[199]. A encarnação de Cristo e a queda de Lúcifer

---

194. 1Rs 22,19-23.

195. Orígenes. *Tratado dos princípios*, III: 2.

196. Jo 10,30.

197. Jo 8,58.

198. Jo 1,18.

199. Van den Winckel, 1985: 82.

seriam assim, seguindo a "pedagogia de Iahweh"[200], uma forma de corrigir o orgulho de Satanás, colocá-lo em seu devido lugar, como servidor de Deus.

A queda do tinhoso não fez com que ele perdesse os poderes que tinha no céu, uma vez que eles lhe são inerentes. A encarnação, morte, ressurreição e ascensão de Cristo tampouco retiraram os poderes de satanás. Apenas demonstraram que ele não era independente, nem tinha qualquer arma contra Deus. Mas isto resultou num rompimento entre Iahweh e seu controle de qualidade.

---

200. Dt 11,2.

16 O perdão de Satanás

Será impossível pensar a integração de todas as partes, proposta no processo de individuação junguiano, dentro do mito cristão? No Apocalipse, São João diz que o diabo, a besta e o falso profeta serão lançados num lago de fogo e enxofre onde serão atormentados "dia e noite, pelos séculos dos séculos"[201]. Quer dizer, não há integração alguma, mas uma cisão escatológica definitiva do universo, separando de uma vez para sempre o bem do mal, o joio do trigo, os poucos agraciados da maioria condenada por toda a eternidade. Satanás que servira fielmente a Iahweh, colocando a serviço de Deus seus préstimos de mentiroso quando Ele precisara, estaria condenado ao fogo eterno. Tudo isso porque o poder lhe subira à cabeça. "Eu, porém, vos digo: amai os vossos inimigos e orai pelos que vos perseguem"[202], fora Ele mesmo quem dissera.

O grande teólogo Orígenes, no século III, no entanto, apontava uma possibilidade: a apocatástase, a restauração do fim dos tempos. Esta palavra é usada em astronomia para indicar o período de um planeta, o tempo que ele leva para retornar a um determinado ponto. Nos primeiros séculos do cristianismo este termo

---

201. Ap 20,10.
202. Mt 5,44.

O livro grego de Jó

foi usado em vários sentidos. Orígenes chamou de apocatástase a doutrina da restauração do estado primitivo. Interpretando as palavras de São Paulo, que escreveu que "como todos morrem em Adão, em Cristo todos receberão a vida"[203], Orígenes propôs que todas as almas, inclusive as dos pecadores e dos demônios, seriam restabelecidas na condição de felicidade primitiva, que acontecerá no final dos tempos[204]. Nas palavras do teólogo: "os filhos de Deus, que caíram e estão dispersos, serão reunidos na unidade"[205]. Até aonde conseguimos apurar, não fica muito evidente como se daria este resgate dos pecadores; parece que nem o próprio Orígenes tinha uma visão clara deste problema. Em algumas passagens Orígenes parece propor que este resgate se desse através do processo das reencarnações, quando o controle de qualidade poderia ir aperfeiçoando progressivamente a criatura de Deus, para que nenhuma se perdesse. Mas em outros momentos ele mostra-se contrário à crença da metempsicose, que julgaria incompatível com os ensinamentos da Igreja. Talvez pressionado pela cúria, o próprio Orígenes renegou a possibilidade da apocatástase em sua *Carta aos amigos de Alexandria*.

De forma semelhante a Orígenes, Ibn al-Arabi dizia que misericórdia de Deus é maior que sua raiva. Portanto, o inferno não poderia ser eterno e que, assim, nenhuma criatura se perderia[206]. Isto faria do inferno apenas um purgatório, um lugar onde as almas ficariam em estado de sofrimento até conseguirem transcender. Por outro lado, os diabos, atormentando os pecadores, nada

---

203. 1Cor 15,22.

204. *Dicionário Patrístico e de Antiguidades Cristãs*, 2002: 128-129, 1.048-1.049.

205. Orígenes, 2008: 227.

206. Ibn al-Arabi, 1980: 204-211.

mais seriam que instrumentos de Deus para que estas miseráveis criaturas aprendessem através da dor.

Já no Apocalipse de São João o evangelista narra que, após todos os tormentos, Satanás seria atirado no abismo, que seria fechado e lacrado com um selo por mil anos. Após este prazo ele seria novamente solto por um pequeno espaço de tempo antes do dia do juízo final, talvez como a última prova antes do grande dia, quando seria definitivamente lançado num lago de fogo e enxofre. Durante estes mil anos que o maligno estivesse encarcerado, haveria um reino de paz na Terra[207], uma nova Idade do Ouro, como quando Cronos mantinha seus inimigos dentro de seu próprio ventre.

As difíceis e enigmáticas palavras de São João foram por muitos mal interpretadas e popularmente se associou o Apocalipse, a nova revelação, ao final dos tempos, que se daria no milênio. Mas, por uma outra via, as misteriosas profecias do santo fez surgir a ideia, melhor elaborada no século XII pelo místico Joaquim de Fiori, de que a história humana se dividisse em três épocas: a Idade do Pai ou da Lei, caracterizada pelo terror e pela servidão; a Idade do Filho ou do Evangelho, onde vigoraria a fé e a submissão filial; e a Idade do Espírito Santo, onde imperaria o amor, a alegria e a liberdade, quando o conhecimento de Deus se faria diretamente nos corações de todos os homens sem a necessidade da mediação de uma Igreja[208].

A formulação de que o desenvolvimento da história humana se desse em três fases foi tão marcante em nosso inconsciente, a ponto de influir até mesmo a concepção marxista, onde a Idade do Espírito Santo seria o comunismo. O que nos interessa, entretanto, é a ideia do místico de que o cristianismo seria apenas uma etapa do desenvolvimento da história divina, não sua revelação absoluta.

---

207. Ap 20,1-10.

208. Cohn, 1981: 89.

O livro grego de Jó

Pensando, como Jung, as religiões como linguagens psíquicas, talvez pudéssemos pensar a Idade do Pai como o momento psíquico em que se necessita de uma lei externa para se conter os instintos internos antissociais. A Idade do Filho seria assim o momento da introjeção da questão ética, a incorporação do Juiz à psique humana. Por fim, a Idade do Espírito Santo seria a da individuação, com a inclusão da sombra, a apocatástase, o perdão de Satanás e sua restauração no devido lugar como o controle de qualidade divino.

Jung dizia que a individuação só poderia ocorrer com a integração da sombra, sendo esta definida por ele como aquilo que não se quer ser[209], o aspecto de nossa personalidade que negamos possuir.

Analisando a personalidade de Iahweh, apresentada ao longo dos livros da Bíblia, percebemos um ser iracundo e vingativo, que se quer muito justo, inconsciente de seus próprios atos, que acaba por se confundir com seu próprio aspecto sombrio, cometendo por fim uma injustiça. Tendo se conscientizado do erro que cometera, Ele encarna um papel moral, expulsando, como um bode expiatório, os aspectos que não quer de si próprio, sua sombra demoníaca, para as profundezas do inferno de seu inconsciente, mostrando-se apenas bom e justo.

Como dissemos acima, Jung entendia que Deus é uma realidade psíquica e que os dogmas são símbolos que falam de uma verdade inconsciente. Quando se interpreta um mito, corre-se sempre o risco de reduzi-lo, ou melhor, toda interpretação sempre é uma redução e deve-se estar bem atento para este fato. E assim tem de ser, uma vez que o símbolo, como definia Jung, deve ser entendido como uma ideia intuitiva que não pode ser formulada

---

209. Jung, vol. 16/2, § 470.

de outra forma melhor[210] e, portanto, qualquer interpretação não é capaz de abarcar todos os seus aspectos.

Se entendermos, como Jung, que o objetivo do homem é se individuar e que esta individuação pressupõe a integração da própria sombra, simbolicamente Iahweh necessitaria reintegrar sua sombra satânica, seu aspecto que Ele mesmo expulsou de dentro de seu paraíso celeste.

Mas como integrar o bem e o mal? Jung diz que deveríamos admitir que o mal tem substância assim como o bem, fato que Santo Agostinho terminantemente não concordaria. Mas talvez pudéssemos pensar como Nietzsche em um mundo para além do bem e do mal, negando substância a ambos, entendendo o bem e o mal como grandezas relativas. Talvez deste modo pudéssemos abandonar a dualidade deste mundo ilusório e entrar enfim no Nirvana – o "livre dos dois" – como dizem no Oriente[211]. Segundo Heidegger:

> [...] nada pode resistir à vontade humana de descobrir o universo. Pressupõe-se aqui, sem dúvida, que aquilo que a vontade subjuga em sua descoberta é o *Universum*, isto é, o que se dirige para o uno e o único – *versum unum*[212].

Será assim, será de outro modo? Será verdade ou história da carochinha? Não sei, quem poderá saber? Jung diz que os mitos são mensagens cifradas que o inconsciente manda para o consciente. "Nosso modo de ser condiciona nosso modo de ver. Outras pessoas, tendo outra psicologia, veem e exprimem outras coisas e de outro modo"[213].

Cada um acredite naquilo que mais lhe convém.

---

210. Ibid., vol. 15, § 105.
211. Jung. *Memória, sonhos e reflexões*, 2006: 189.
212. Heidegger, 1998: 67.
213. Jung, vol. 4, § 773.

Conclusão

> *Aquele que restringe a Realidade à sua própria crença, nega-o quando manifesto em outras crenças, afirmando-o apenas quando Ele se manifesta em sua própria crença. Aquele que não o restringe desta forma não o nega, mas afirma sua realidade em toda transformação formal, reverenciando-o em suas infinitas formas nas quais Ele se manifesta Ele mesmo.*
> Ibn al-Arabi

A datação do Livro de Jó é algo muito impreciso. Jung supunha que este livro teria sido escrito entre 600 e 300 a.C. Mazzarolo, no entanto, chama a atenção para o fato de que o Livro de Jó tem a estrutura de uma peça teatral: toda a trama se desenrola através de diálogos entre diversos personagens, com dois cenários (a corte de Iahweh e a ruína de Jó). Seu conteúdo é o de uma tragédia, trazendo o tema do homem como vítima das forças do destino contra as quais nada pode. Ao contrário dos demais livros da Bíblia, que enfatizam a ideia do livre-arbítrio do homem, Jó não é contemplado com qualquer escolha. Ele sofre, como um personagem grego, sem saber por quê, devido a uma questão da ordem do divino.

Constatando estas características literárias, com elementos tanto judaicos como gregos, Mazzarolo supôs que o Livro de Jó deva ter sido escrito na época helenista dos seleucidas, após a conquista da Palestina por Alexandre. A composição, portanto, seria mais tardia do que aventava Jung; provavelmente entre 323 e 60 a.C.

Jung entendia o funcionamento da psique humana através da *dialética de compensação*, onde tudo tenderia a um equilíbrio entre o consciente e o inconsciente. Analisando a "tragédia" judaica de Jó, Jung elaborou a hipótese de que a encarnação de Cristo tivesse ocorrido como uma forma de compensação do desequilíbrio entre a humanidade e a divindade. Iahweh, que havia sido infiel com seu fidelíssimo servo Jó, teria vindo à Terra para reparar esta dívida moral com o homem.

Por outro lado, percebemos nos mitos gregos uma constante afirmação da ideia de *hamartia*, de que a culpa por um crime poderia ser herdada pela descendência do criminoso, podendo-se notar a presença da lei da *hamartia* até mesmo entre os deuses. Estudando as famílias mitológicas divinas e humanas, levantamos a hipótese de que o sofrimento humano pudesse servir como forma de purgar a culpa dos deuses pelos crimes que eles cometeram.

Comparando a hipótese de Jung, de que o Filho viera pagar o pecado do Pai, com a nossa, de que os deuses olímpicos lançavam suas próprias culpas sobre os homens para que eles a purgassem, percebemos que elas se compensam, num raciocínio exatamente oposto. Isto é, se, para os gregos, os homens pagavam as dívidas que os deuses tinham com eles mesmos, no cristianismo, Deus se tornara homem para pagar uma dívida que Ele tinha com o homem.

Se for cabível a nossa hipótese, entre os gregos antigos, os deuses tratariam os homens como seus escravos, designando a eles a tarefa de purificar os crimes divinos sem que houvesse qualquer ganho humano nisso. No Livro de Jó, escrito pelos judeus sob a influência do pensamento grego, o protagonista também sofre, sem

O livro grego de Jó

saber o porquê, para solucionar uma querela entre Deus e seu anjo rebelde, só recebendo uma indenização no final. No cristianismo, contudo, é Deus que vem pagar entre os homens não só a sua própria culpa, como quer Jung, mas a culpa herdada por toda a humanidade, desde os tempos de Adão, libertando o homem da fatalidade do destino de sua alma, tomando as chaves do inferno das mãos de Satanás e abrindo a possibilidade de um futuro melhor para as almas dos mortos.

Tendo Deus encarnado como homem, teria se estabelecido um "parentesco de sangue"[1] entre Deus e os homens, ocorrendo uma mudança de *status* do homem, colocando homem como mediador entre Deus e a criatura[2].

Ibn al-Arabi dizia não haver uma dicotomia entre o Criador e a criatura, sendo o cosmos a "sombra de Deus"[3]. Desta forma, tudo o que ocorresse com o homem estaria ocorrendo dentro Deus. O sofrimento humano e a velha história da "árvore do bem e do mal" seriam os meios de Deus estudar a si próprio, conhecer o seu mistério. Sendo o homem o palco da angústia existencial, seria também o campo de pesquisa ética de Deus, um meio pelo qual Ele pode crescer.

Por sua vez, Jung desloca os deuses e os mitos para dentro do universo psíquico humano. As histórias sagradas, como portadoras de símbolos arquetípicos, seriam assim vias por onde o inconsciente tenta se tornar consciente.

O Antigo Testamento mostra um Deus todo-poderoso, ciumento e irascível, que impõe o seu poder inquestionável sobre os homens. Grande parte dos mitos gregos versa sobre como os ho-

---

1. Jung, vol. 11/4, § 658.
2. Ibid., § 692.
3. Ibn al-Arabi, 1980: 123.

mens são vítimas das arbitrárias designações divinas e sobre o desejo do homem de sair de sua posição submissa, enfrentando os deuses, tentando galgar o Olimpo. No cristianismo, Deus encarna no homem. Por fim, Jung identifica o arquétipo de Deus dentro da psique humana.

Comparando estas ideias sobre a manifestação do divino na Terra, percebemos uma progressiva aproximação entre o Numinoso e o humano. Isto nos faz lembrar o questionamento de Jung de se a função psíquica, a alma, o espírito e o inconsciente teriam sua origem no homem, ou se a psique, nos inícios da formação da consciência, estaria realmente do lado de fora, "sob a forma de intenções e poderes arbitrários", que acabaria tomando lugar, gradativamente, dentro da pessoa, no decorrer do desenvolvimento psíquico?

Será que aquilo que chamamos de partes separadas da alma já foram outrora partes de uma alma individual total, ou foram unidades psíquicas existentes por si mesmas, no sentido primitivo: espíritos, almas dos ancestrais ou algo semelhante, que, no curso da evolução, se encarnaram nas pessoas, de modo a constituir pouco a pouco este mundo que agora chamamos psique?[4]

---

4. Jung, vol. 10/3, § 140.

Adendo

Zeus ~ Pluto | Tântalo ~ Dione

~ Axíoque | Crisipo

Pélops

~ Hipodâmia | Atreu ~ Aérope | Menelau ~ Helena

Agamêmnon ~ Clitemnestra | Ifigénia / Electra / Crisotémis / Orestes

Tiestes

Tântalo / Plístenes / Pelopia ~ Tiestes | Egisto

Níobe

~ Anfião

Zeto

Nicteu | Antíopa ~ Zeus

Ínaco

Fononeu
Níobe ~ Zeus
Argos

Agenor ~ Telefassa
Fênix   Cílix   Europa ~ Zeus
                Minos
Cadmo
Harmonia

Io ~ Zeus
Épafo ~ Mênfis
Líbia ~ Posídon

Belo ~ Anquínoe   ~

Egito
Linceu

Dânao
Hipermnestra

Cadmo ~ Harmonia

Ino ~ Átamas
Learco e Menicertes

Sêmele ~ Zeus
Dioniso

Agave ~ Equíon
Penteu

Óclaso

Meneceu

Polidoro ~ Nicteis
Lábdaco
Laio ~ Jocasta
Édipo ~ Jocasta
Antígona, Ismênia, Etéocles e Polinice

Jocasta/Creonte

Linceu ~
Hipermnestra

Abas ~ Aglaia

Acrísio ~
Eurídice

Preto ~
Estenebeia

Dânae ~ Zeus

as Prétidas e Megapentes

Perseu ~ Andrômeda

Elétrion ~
Anaxo

Estênelo ~
Nicipe

Alcmena ~ Zeus

Euristeu

Alceu ~ Astidamia

Alcides
(Héracles)

Anfitrião ~
Alcmena

Íficles

Bibliografia

Livros

A Bíblia de Jerusalém. São Paulo: Paulinas, 1980.

Apocrifos del Antiguo Testamento. Madri: Cristiandad [Vol. III, 1982; vol. IV, 1984; vol. V, 1987].

APOLODORO. *The Library*. Tomos I e II. Cambridge: Harvard University Press, 1990.

Bíblia de referência Thompson. São Paulo: Viva, 1992.

BEZERRA, C.C. *Dionísio Pseudo-Areopagita*: mística e neoplatonismo. São Paulo: Paulus, 2009.

BOECHAT, W. *A mitopoese da psique*. Petrópolis: Vozes, 2008.

BOEGAERT, P. *Apocalypse de Baruch*. Paris: Du Cerf, 1969.

BORN, A. *Dicionário Enciclopédico da Bíblia*. Petrópolis: Vozes, 1987.

BRANDÃO, J. *Dicionário Mítico-etimológico da Mitologia Grega*. Petrópolis: Vozes [Vol. I, 1991; vol. II, 1992].

_____. *Mitologia grega*. Petrópolis: Vozes [Vol. I, 1986; vol. II, 1988; vol. III, 1987].

BRUNEL, P. *Dicionário de Mitos Literários*. Rio de Janeiro: José Olympio, 2005.

CAMPBELL, J. *O herói das mil faces*. São Paulo: Pensamento, 2007.

CHEVALIER, J. & GHEERBRANT, A. *Dictionnaire des Symboles*. Paris: Robert Laffont, 1982.

CLEMENTE DE ALEXANDRIA. *Le protreptique*. Paris: Du Cerf, 1949.

COHN, N. *Na senda do milênio*. Lisboa: Presença, 1981.

DÉTIENNE, M. *Dioniso a céu aberto*. Rio de Janeiro: Zahar, 1988.

DÉTIENNE, M. & VERNANT, J.-P. *Métis* – As astúcias da inteligência. São Paulo: Odysseus, 2008.

Dicionário Patrístico de Antiguidades Cristãs. Petrópolis: Vozes, 2002.

ELIADE, M. *História das crenças e das ideias religiosas*. Tomo III. Rio de Janeiro: Zahar, 1984.

ÉSQUILO. *Oréstia*. Rio de Janeiro: Zahar, 2006.

EUSTÁCIO. *Tebaida*. Tomo I. Paris: Les Belles Lettres, 2003.

EURÍPEDES. *Théâtre Complet*. Vols. I e II. Paris: Flammarion, 1965.

FERRATER MORA, J. *Diccionario de Filosofia*. Vol. III. Madri: Alianza, 1986.

FIGUEIREDO, F.A. *Curso de Teologia Patrística*. Vol. I. Petrópolis: Vozes, 1986.

FORRYAN, D. & GLOVER, J.M. *General Index to the Collected Works of C.G. Jung*. Princeton: Princeton University Press, 1979.

Fragmentos de épica griega arcaica. Madri: Gredos, 1979.

FRAZER, J.G. *O ramo de ouro*. São Paulo: Círculo do Livro, 1978.

FREUD, S. *El porvenir de una ilusion*. Madri: Biblioteca Nueva, 1973 [Obras Completas de Sigmund Freud, tomo III].

GIRARD, R. *O bode expiatório*. São Paulo: Paulus, 2004.

GRAVES, R. *O grande livro dos mitos gregos*. São Paulo: Ediouro, 2008.

HALL, J.A. *Sonhos* – Símbolos religiosos do inconsciente. São Paulo: Loyola, 1994.

HEIDEGGER, M. *Heráclito*. Rio de Janeiro: Relume-Dumará, 1998.

HELLER, A. *O homem do Renascimento*. Lisboa: Presença, 1982.

HESÍODO. *Shield of Heracles in Hesiod* – Homeric Hymns; Epic Cycle; Homerica. Cambridge: Harvard University Press, 2000.

_____. *Teogonia*. São Paulo: Roswitha Kempf, 1978.

HIGINO. *Fables*. Paris: Les Belles Lettres, 2003.

HOMERO. *Hinos homéricos*. Brasília: UnB, 2003.

_____ *Ilíada*. Rio de Janeiro: Ediouro, [s.d.].

_____. *Odisseia*. Rio de Janeiro: Ediouro, [s.d.].

HORÁCIO. *Odes et épodes*. Paris: Les Belles Lettres, 2002.

HOUAISS, A. *Dicionário Inglês-Português*. Rio de Janeiro: Record, 1982.

IBN AL'ARABI. *The Bezels of the Wisdom*. Nova York: Paulist Press, 1980.

IRINEU DE LION. "Contra las herejías". *Los gnósticos I*. Madri: Gredos, 1983.

JUNG, C.G. *Freud e a psicanálise*. Petrópolis: Vozes, 2011 [OC, vol. 4].

_____. *Símbolo da transformação*. Petrópolis: Vozes, 2011 [OC, vol. 5].

_____. *Os arquétipos do inconsciente coletivo*. Petrópolis: Vozes, 2011 [OC, vol. 9/1].

_____. *Aion* – Estudo sobre o simbolismo do si-mesmo. Petrópolis: Vozes, 2011 [OC, vol. 9/2].

_____. *Aspectos do drama contemporâneo*. Petrópolis: Vozes, 2011 [OC, vol. 10/2].

_____. *Civilização em transição*. Petrópolis: Vozes, 2011 [OC, vol. 10/3].

_____. *Um mito moderno sobre coisas vistas no céu*. Petrópolis: Vozes, 2011 [OC, vol. 10/4].

_____. *Psicologia e religião*. Petrópolis: Vozes, 2011 [OC, vol. 11/1].

_____. *Resposta a Jó*. Petrópolis: Vozes, 2011 [OC, vol. 11/4].

_____. *Psicologia e religião oriental*. Petrópolis: Vozes, 2011 [OC, vol. 11/5].

O livro grego de Jó
181

_____. *Psicologia e alquimia*. Petrópolis: Vozes, 2011 [OC, vol. 12].

_____. *O espírito na arte e na ciência*. Petrópolis: Vozes, 2011 [OC, vol. 15].

_____. *Ab-reação, análise dos sonhos, transferência*. Petrópolis: Vozes, 2011 [OC, vol. 16/2].

_____. *O desenvolvimento da personalidade*. Petrópolis: Vozes, 2011 [OC, vol. 17].

_____. *A vida simbólica*. Petrópolis: Vozes, 2011 [OC, vol. 18/1].

_____. *Memórias, sonhos e reflexões*. Rio de Janeiro: Nova Fronteira, 2006.

KERÉNYI, C. *Dioniso*. São Paulo: Odysseus, 2002.

LANGLOIS, L. & ZARKA, Y.C. *Os filósofos e a questão de Deus*. São Paulo: Loyola, 2009.

MAZZAROLO, I. *Jó, amor e ódio vem de Deus?* Rio de Janeiro: Mazzarolo, 2002.

MORALDI, L. *Evangelhos apócrifos*. São Paulo: Paulus, 1999.

NIETZSCHE, F. *Além do bem e do mal*. São Paulo: Schwarcz, 2007.

NONO. *Dionysiaca*. Tomo I. Cambridge: Harvard University Press, 1995.

ORBE, A. *Cristología gnóstica*. Tomos I e II. Madri: Biblioteca de Autores Cristianos, 1976.

ORÍGENES. *Traité des principes*. Paris: Du Cerf, 2008.

Os pré-socráticos. São Paulo: Cultural, 1978.

OTERO, A.S. *Los evangelios apócrifos*. Madri: Biblioteca de Autores Cristianos, 1988.

OTTO, R. *O sagrado*. Petrópolis: Vozes, 2007.

OVÍDIO. *Héroïdes*. Paris: Les Belles Lettres, 2005.

_____. *Metamorfoses*. São Paulo: Ediouro, 1983.

PANOFSKY, E. *Renascimento e renascimentos na arte ocidental*. Lisboa: Presença, 1981.

PAUSÂNIAS. *Description of Greece*. Tomo IV. Cambridge: Harvard University Press, 1961.

_____. *Description of Greece*. Tomo 1. Cambridge: Harvard University Press, 1918.

PÍNDARO. *Olympiques*. Paris: Les Belles Lettres, 2003.

_____. *Pythiques*. Paris: Les Belles Lettres, 2003.

PLATÃO. *Euthyphro; Apology; Crita; Phaedo; Phaedrus*. Cambridge: Harvard University Press, 1999.

_____. *Apologia a Sócrates*. Rio de Janeiro: Ediouro, [s.d.].

PLUTARCO. *Vies*: Thésée. Paris: Les Belles Lettres, 2003.

PSEUDO-DIONÍSIO AREOPAGITA. *Obras Completas*. Madri: Biblioteca de Autores Cristianos, 2007.

QUASTEN, J. *Patrología*. Tomo I. Madri: Biblioteca de Autores Cristianos, 1984.

SAMUEL, A. et al. *A Critical Dictionary of Jungian Analysis*. Londres: Routledge & Kegan Paul, 1986.

O livro grego de Jó

SOBRINO, J.A. *Así fue la Iglesia Primitiva*. Madri: Biblioteca de Autores Cristianos, 1986.

SÓFOCLES. *Édipo Rei*. São Paulo: Vitor Civita, 1976.

_____. *Tragédias do ciclo troiano*. Lisboa: Sá da Costa, 1973.

TAVARD, G. *Historia de los dogmas*: los angeles. Tomo II. Madri: Biblioteca de Autores Cristianos, 1973, cad. 2b.

TEÓGNIS. *Poème élégiaques*. Tomo III. Paris: Les Belles Lettres, 2003.

TERTULIANO. *Contre Marcion*. Paris: Du Cerf, 1994.

VAN DE WINCKEL, E. *Do inconsciente a Deus* – Ascese cristã e psicologia de C.G. Jung. São Paulo: Paulinas, 1985.

VERNANT, J.-P. *O universo, os deuses, os homens*. São Paulo: Companhia das Letras, 2000.

_____. *A morte nos olhos*. Rio de Janeiro: Zahar, 1988.

VERNANT, J.-P. & VIDAL-NAQUET, P. *Edipe et sés mytes*. Paris: Complexe, 1988.

Revistas

MOREIRA DE ALMEIDA, A. & LOTUFO NETO, F. "Diretrizes metodológicas para investigar estados alterados de consciência e experiências anômalas". *Rev. Psiq. Clín.*, 30 (1), 2003, p. 21-28.

CULTURAL

Administração – Antropologia – Biografias
Comunicação – Dinâmicas e Jogos
Ecologia e Meio Ambiente – Educação e Pedagogia
Filosofia – História – Letras e Literatura
Obras de referência – Política – Psicologia
Saúde e Nutrição – Serviço Social e Trabalho
Sociologia

CATEQUÉTICO PASTORAL

Catequese – Pastoral
Ensino religioso

REVISTAS

Concilium – Estudos Bíblicos
Grande Sinal
REB – SEDOC

TEOLÓGICO ESPIRITUAL

Biografias – Devocionários – Espiritualidade e Mística
Espiritualidade Mariana – Franciscanismo
Autoconhecimento – Liturgia – Obras de referência
Sagrada Escritura e Livros Apócrifos – Teologia

PRODUTOS SAZONAIS

Folhinha do Sagrado Coração de Jesus
Calendário de Mesa do Sagrado Coração de Jesus
Folhinha do Sagrado Coração de Jesus (Livro de Bolso)
Agenda do Sagrado Coração de Jesus
Almanaque Santo Antônio – Agendinha
Diário Vozes – Meditações para o dia a dia
Guia do Dizimista – Guia Litúrgico

VOZES NOBILIS

Uma linha editorial especial, com importantes autores, alto valor agregado e qualidade superior.

VOZES DE BOLSO

Obras clássicas de Ciências Humanas em formato de bolso.

CADASTRE-SE
www.vozes.com.br

EDITORA VOZES LTDA.
Rua Frei Luís, 100 – Centro – Cep 25689-900 – Petrópolis, RJ – Tel.: (24) 2233-9000 – Fax: (24) 2231-4676
E-mail: vendas@vozes.com.br

UNIDADES NO BRASIL: Aparecida, SP – Belo Horizonte, MG – Boa Vista, RR – Brasília, DF – Campinas, SP
Campos dos Goytacazes, RJ – Cuiabá, MT – Curitiba, PR – Florianópolis, SC – Fortaleza, CE – Goiânia, GO
Juiz de Fora, MG – Londrina, PR – Manaus, AM – Natal, RN – Petrópolis, RJ – Porto Alegre, RS – Recife, PE
Rio de Janeiro, RJ – Salvador, BA – São Luís, MA – São Paulo, SP
UNIDADE NO EXTERIOR: Lisboa – Portugal